بوصلة العلاقات الإنسانية

رحلة نحو التوازن بين الروح والواقع

بوصلة العلاقات الإنسانية

رحلة نحو التوازن بين الروح والواقع

بحث وإعداد: رأفت علام

مكتبة المشرق الإلكترونية

تم إعداد وجمع وتحرير وبناء هذه النسخة الإلكترونية من المصنف عن طريق مكتبة المشرق الإلكترونية ويحظر استخدامها أو استخدام أجزاء منها بدون إذن كتابي من الناشر.

صدر في أغسطس 2025 عن مكتبة المشرق الإلكترونية – مصر

فهرس
بوصلة العلاقات الإنسانية

مقدمة

في بداية رحلتنا نحو تأليف هذا الكتاب، وقفنا أمام سؤال جوهري: ما الذي يجعل العلاقات الإنسانية ناجحة في عالم مليء بالتحديات والمتغيرات؟ جاء الجواب من نافذة مفتوحة على المعرفة والتجربة، هي حلقة بودكاست فنجان بعنوان **«كيف تنجح العلاقات مع ياسر الحزيمي»** المنشورة على قناة إذاعة ثمانية في يوتيوب. في هذه الحلقة يلخص الدكتور ياسر الحزيمي رؤيته للعلاقات البشرية، بدءًا من العلاقة مع الله، مرورًا بالعلاقة مع الذات، وصولاً إلى العلاقات مع الآخرين يؤكد أن معاناة الإنسان غالبًا ما تأتي من تعامله مع البشر وليس من الظروف الخارجية، وأن الإنسان يجب أن يدرك قيمة ذاته ويُحسن تسويق نفسه دون خداع أو تزييف. بهذا الطرح البسيط لكن العميق، أكد الحزيمي أن «الذات بضاعة»، وأن تقديم صورة مزيفة للنفس يؤدي إلى سوء الفهم والتعقيد في العلاقات.

في هذا البودكاست، يوضح الحزيمي أن الظهور كما نحن دون تزييف هو أساس بناء الثقة؛ فمن يُضخّم نفسه سيُنظر إليه على هذا الأساس، ومن يحتقر نفسه سيُقلل من قيمته في أعين الآخرين. كما دعا إلى الصدق مع الذات؛ لأن الابتعاد عن حقيقتنا أمام الناس يولد فجوة تملأ بالخجل والاحتقار الذاتي، ما يؤدي إلى الاكتئاب والاغتراب. فحين نتعامل مع أنفسنا باحترام ونقبل نقاط قوتنا وضعفنا، نستطيع بناء علاقات صحية ومستدامة، ونفهم مشاعر الآخرين ونتفاعل معهم بطريقة راقية بهذه الأفكار، وضع الحزيمي اللبنات الأولى لهذا الكتاب، حيث اعتبر العلاقة مع الله هي الركيزة التي تمنحنا الراحة والسكينة في مواجهة تحديات الحياة، وأن تلبية حاجات الآخرين تعد **(صمغ العلاقات)** الذي يحافظ على تماسك الروابط، حتى العلاقة مع الله تقوم على حاجتنا إليه.

لكننا لم نتوقف عند هذه الحلقة وحدها. فقد انطلقنا نحو البحث والتقصي في كتب المقالات والأبحاث العلمية والدراسات النفسية والاجتماعية والدينية، لنغني الرؤى التي طرحها الحزيمي ونصححها إن استدعى الأمر. بحثنا في مقالات ذات طابع علمي وشرعي تتناول مفهوم العلاقات الإنسانية، فنقلنا أسانيد شرعية حول علاقة الإنسان بربه وبوالديه وبجاره، واستفدنا من التحليلات النفسية حول ضبط الذات ووعيها، واستعنا بمقالات تتناول تأثير الرأسمالية ووسائل التواصل الاجتماعي على العلاقات. كما اعتمدنا على تجارب حياتية واقعية جمعتها رحلتنا البحثية، سواء من قصص أشخاص خاضوا تجارب مختلفة أو من ملاحظاتنا عن العلاقات في عصرنا

الحالي. هذا التنوع في المصادر منح الكتاب توازنًا بين العمق النظري والعملية التطبيقية.

يتكون هذا الكتاب من عشرين فصلاً، تبدأ بالفصل الأول حول العلاقة الروحية معالله، حيث أوضحنا كيف يمنح الإيمان والالتزام القيم السامية الإنسان قوة نفسيةوسكينة. ثم تعمقنا في العلاقة مع الذات، موضحين أهمية الصدق الداخليوالاهتمام بالصحة النفسية. وخصصنا فصولا للعلاقات العاطفية والزواج،والعلاقة مع الوالدين والأبناء، والصداقة، والجيرة، والعلاقات المهنية، وتأثير الرأسمالية والتكنولوجيا على العلاقات، وفنون الإقناع، والسمعة وإدارتها، وكيفية التعامل مع العلاقات السامة، ومفهوم الصدق مع النفس. اعتمدنا في كل فصل على الأدلةالشرعية، والدراسات الأكاديمية، وعلى دروس مستخلصة من الحياة اليومية، مع ربطها بأفكار الحزيمي التي تحدث عنها في حلقته مثل تصنيف العلاقات إلى حية ومريضة وميتة ومميتة، ونصائحه العملية مثل عدم صناعة العداوات ولكن الترحيب بها إن أتت، وأن أساس نجاح العلاقات هو الشعور المتبادل والعدالة في التعامل.

عزيزي القارئ، ستكتشف عند قراءة هذا الكتاب أنك لا تحصل على نصائح عامةفحسب، بل على بوصلة لحياتك تساعدك في تحسين علاقتك مع الله وتعزيزسلامك الداخلي، ومعرفة قيمة نفسك وكيفية عرضها بثقة دون غرور. ستتعلم كيفتبني جسور التفاهم والتقدير مع أفراد أسرتك، وكيف تختار أصدقاءك وتحافظعليهم، وكيف تحمي نفسك من العلاقات السامة وتتصرف بحكمة مع الظروفالصعبة. ستعرف أن التواصل الصادق والاحترام المتبادل هما المفتاح لبناء جسورالحب والتفاهم، وأن الاستثمارات في نفسك ستعود عليك بنجاح في علاقاتك .ستفهم أهمية حاجات الآخرين ودور تلبيتها في تقوية الروابط، وستتعلم فن فصلالأشخاص عن أدوارهم، وتحديد رتبهم في حياتك دون قطيعة.

إن قراءة هذا الكتاب ليست مجرد متعة فكرية، بل هي رحلة عملية لتغيير نمطحياتكوتجديد علاقتك بذاتك والآخرين. ستكتسب أدوات لتحليل مشاكلك بعينواعية،وستصبح قادرًا على إدارة علاقاتك بروح عادلة ورحيمة. سيمنحك الكتاب القدرة على التوازن بين استخدام التكنولوجيا والاحتفاظ بإنسانيتك،

وسيجعل نظرتك للعالم أكثر عمقًا وشمولاً. إننا نأمل أن تجد في هذه الصفحات دليلاً عمليًا يلهمك للإبداع في إدارة علاقاتك، وأن ينعكس ذلك على نجاحك وسعادتك المستقبلية

بقراءتك لذلك الكتاب , ستخطو خطوة نحو حياة أكثر اتزانًا وثراءً, حيث تتناغم الروح والجسد والفكر في منظومة متكاملة , و حيث يكون النجاح في العلاقات قاعدة للنجاح في جميع جوانب الحياة .

الفصل الأول : مدخل إلى العلاقات الإنسانية

مفهوم العلاقات الإنسانية والحاجة إليها

تعكس العلاقات الإنسانية طبيعة الإنسان الاجتماعية؛ فنحن لا نعيش بمعزل عن الآخرين لأننا نحتاج بعضنا بعضًا. يتضح من التجربة اليومية أن (لا توجد علاقة بدون حاجة)، حتى علاقتنا بالله تنبع من حاجة الروح إلى الأمان والمعنى، بينما تظل الذات الإلهية مستغنية عن خلقها. تدفع هذه الحاجة الإنسان إلى البحث عن علاقات مختلفة - علاقة روحية، وعلاقة مع ذاته، وعلاقات مع الآخرين، وعلاقة مع شريك الحياة - وستتناول فصول هذا الكتاب هذه المحاور بالتفصيل.

لكن لماذا تعد العلاقات الإنسانية ضرورية وليست أمرًا ثانويًا؟ تشير الدراسات العلمية إلى أن الإنسان يحتاج إلى الشعور بالانتماء والقبول لحفظ صحته النفسية والجسدية. تؤكد مصادر الصحة النفسية أن العلاقات الاجتماعية الصحية (تعزز إفراز الهرمونات المسؤولة عن تحسين المزاج مثل الأوكسيتوسين والدوبامين)، وأن التواصل مع الأصدقاء والعائلة (يخفف من التوتر والضغط النفسي). في المقابل، ترتبط الوحدة والعزلة بارتفاع معدلات الاكتئاب والقلق، ويحذر أطباء النفس من أن الشعور بالوحدة يرفع خطر الإصابة بالاكتئاب، لذلك ينصح بتكوين علاقات اجتماعية قوية ومستقرة.

العلاقة الروحية كحاجة إنسانية

تكشف الدراسات النفسية الحديثة عن تأثير علاقة الإنسان بالخالق أو بأي قوة سامية على الصحة النفسية. يذكر موقع (إسلام أون لاين) أن عددًا متزايدًا من الدراسات بين (وجود تأثير وثيق وإيجابي متبادل بين الإيمان / التدين والحالة الصحية). فالإيمان بإله خير أو حتى الإيمان بوجود معنى أعمق للحياة يساعد الإنسان على التغلب على الأزمات والمشاق، ويقلل من احتمالات الإصابة بالأمراض النفسية والجسدية. كما أن مراجعة الدراسات المنشورة في المجلات المتخصصة بين عامي 1978 و1989 أظهرت أن التدين اثر بصورة إيجابية في 84%من الحالات.

هذا التأثير الإيجابي لا يرجع إلى الشعائر فحسب، بل إلى مفهوم «المعنى»، أي شعور الإنسان بأن حياته مرتبطة بهدف أكبر. تقول إحدى الدراسات إن الإيمان يمنح الإنسان «إستراتيجيات تأقلم» فاعلة تساعده على تجاوز الصعوبات. وتؤكد المقالة نفسها أن الإيمان السوي يشبع «حاجة الروح إلى مصدر أعلى تلجأ إليه في الشدائد»، وأنه يمنح

الفرد سلامًا داخليًا وتوازنًا بين الروح والجسد. من هنا يمكن أن نفهم لماذا يلجأ حتى الملحدون أو اللادينيون إلى التأمل أو إلى البحث عن «قوة أكبر» أو معنى جديد عندما تضيق بهم الحياة.

العلاقة مع الذات وأثرها على العلاقات الأخرى

إلى جانب العلاقة الروحية، يستند نجاح العلاقات الإنسانية إلى علاقتنا بأنفسنا تشير الدراسات إلى أن تقدير الذات والوعي بقوتها وضعفها يمثلان الأساس لكل علاقة ناجحة. فعندما لا يقبل الإنسان نفسه، أو عندما يشعر بالدونية تجاه مظهره أو مكانته، يتحول بسهولة إلى هدف لأي نظرة ازدراء، فينطوي على نفسه ويعزلها عن المجتمع. ومن ثم يدعو الخبراء إلى تقوية الذات وتقديرها لتصبح قادرة على إقامة علاقات متوازنة. سوف نتناول في الفصل القادم أساسيات بناء علاقة صحية مع الذات وكيفية تحقيق التوازن بين الثقة والغرور.

العلاقات الاجتماعية والصحة النفسية

أثبتت الأبحاث الحديثة أن العلاقات الاجتماعية ليست مجرد رفاهية، بل هي ضرورة للحفاظ على الصحة النفسية والجسدية. توضح إحدى المقالات المنشورة على موقع «كايروثيرابي» أن العلاقات الاجتماعية الصحية تعزز الشعور بالسعادة وتدعم الصحة النفسية، وأن قلة التفاعل الاجتماعي قد تؤدي إلى زيادة مستويات القلق والاكتئاب. كما أن الوحدة ترفع خطر الإصابة بالاكتئاب، لذا يوصي الخبراء بالمشاركة في الأنشطة الاجتماعية وتوطيد الروابط مع الأصدقاء والأقارب. هذه المعطيات العلمية تدعم ما ذكره صاحب الحوار في الملف المرفق بأن الوحدة الطويلة أحد أهم أسباب الاكتئاب، وأن العلاقات القوية تساعدنا على تجاوز أعراضه.

محاور الكتاب

بناءً على ما أثبتته الدراسات العلمية، سيقوم الكتاب بمعالجة الإنسانية عبر أربعة محاور أساسية:

1. العلاقة مع الله: العلاقة الروحية التي تزود الإنسان بالأمان والمعنى، وتوفر له آليات التأقلم في مواجهة التحديات.
2. العلاقة مع الذات: كيفية بناء تقدير ذاتي صحي يوازن بين الثقة والتواضع ويشكل أساس العلاقات الأخرى.
3. العلاقات مع الآخرين: الأصدقاء والأقارب وزملاء العمل والمجتمع، وما تفرضه من مهارات تواصل واحترام متبادل.
4. العلاقة بين الجنسين: العلاقة الزوجية والعلاقة مع الشريك في العمل أو

الحياة الخاصة، وحدود وآداب التعامل.

في الفصول القادمة سنستعرض هذه المحاور بشيء من التفصيل، مستفيدين من روافد دينية ونفسية واجتماعية، وسنتعمق في كيفية بناء علاقات صحية في عصر فرداني تغذيه وسائل التواصل الاجتماعي. هدفنا أن نقدم دليلاً عمليًا يساعد القارئ على فهم نفسه أولاً ثم فهم الآخرين من حوله، ليحيا حياة متوازنة مفعمة بالسلام والاتصال.

الفصل الثاني: العلاقة مع الله:

أساس الاستقامة النفسية والأخلاقية

لماذا نحتاج إلى علاقة مع الله؟

تعد العلاقة مع الله ركيزة أساسية في تكوين شخصية الإنسان وسلوكه. فالإيمان ليس مجرد فكرة عقلية أو ممارسة شعائرية، بل هو ارتباط واعٍ بمصدر الوجود ومعنى الحياة. الدراسات النفسية تشير إلى أن الإيمان بوجود قوة سامية أو معنى أعمق للحياة يساعد الأفراد على التغلب على الأزمات والصراعات النفسية. فمن يؤمن بإله خيّر يتسلح بإستراتيجيات تأقلم فعّالة تقلل من خطر الإصابة بالأمراض النفسية والجسدية. كما تظهر مراجعة لعدد كبير من الدراسات أن التدين يؤثر إيجابيًا في معظم الحالات المدروسة.

إضافة إلى ذلك، يوفّر الإيمان شعورًا بالأمان والاطمئنان؛ لأن الإنسان يوقن أن حياته ليست عبثًا، وأن ما يحدث له مقدر بميزان الحكمة الإلهية. هذا الوعي يحرره من القلق المفرط على المستقبل، ويمنحه قوة داخلية لمواجهة المصاعب.

أركان العلاقة مع الله

إن حسن التعامل مع الله يقوم على ثلاثة عناصر رئيسية:

1. **تصديق أخبار الله:** أي الإيمان بما جاء في الوحي من حقائق الغيب وأحكام الشرع، وبأن ما يخبر به الله ورسوله حق لا ريب فيه. هذا التصديق يثبت الإيمان ويجعله مصدرًا للثبات في وجه الشكوك.

2. **الرضا بالأقدار:** قبول ما يقدره الله في الحياة من خير وشر، والتسليم بأنه لا يقع شيء إلا بقدر الله. الرضا بالأقدار يقلل من شعور الإنسان بالظلم، ويجعله أكثر قدرة على الصبر والتحمل.

3. **اتباع الأوامر:** تنفيذ ما يطلبه الله من عبادات وأعمال، والابتعاد عن المحرمات. إن الالتزام العملي بالأوامر يترجم الإيمان من مستوى الشعور إلى مستوى السلوك.

هذه العناصر ليست شعائر منفصلة، بل طريق لبناء علاقة حقيقية مع الخالق فمن خلال التصديق   والطاعة تنمو محبة الله في القلب، وتنعكس بقية العلاقات.

الإيمان والأخلاق: علاقة لا تنفصم

إن علاقة الإنسان بربه تؤثر مباشرة على أخلاقه وتعاملاته مع الناس. تشيرموسوعة «المحتوى الإسلامي» إلى أن الأسس الأخلاقية والإيمانية «ذات أصول نفسية واحدة»، ولذلك «لا أخلاق من غير دين». وتوضح المقالة ذاتها أن الدين

ومكارم الأخلاق «شيء واحد لا يقبلان الانفصال»؛ فالدين يغذي الأخلاق وينميها كما يغذي الماء الزرع. والسبب في ذلك أن الإيمان الحقيقي يملأ حياة الإنسان، ويظل حاضرًا في ليله ونهاره، فلا يتحول إلى محاضرات عابرة أو شعور مؤقت.

هذا الترابط يفسر لماذا كان النبي صلى الله عليه وسلم يربط بين الإيمان وحسن الخلق، فيقول: «**أكمل المؤمنين إيمانًا أحسنهم خلقًا**». فمن صدق إيمانه وطابت علاقته بربه اتسع قلبه للناس، فصار رحيمًا ومتواضعًا ومتسامحًا. أمّا من ينفصل إيمانه عن سلوكه فيتحول الدين لديه إلى طلاء خارجي يسقط عند أول اختبار.

تأثير العلاقة مع الله على العلاقات الإنسانية

1. مصدر للمحبة والرفق: يذكر القرآن أن الله يجعل للمؤمنين ودًا بين الناس، مما يعني أن من يقوي علاقته مع الله يُحب في القلوب بلا مقابل. هذا الود يسهل بناء علاقات صادقة ومستقرة.

2.ضابط للسلوك: استشعار مراقبة الله يردع الإنسان عن ظلم الآخرين أو التعدي على حقوقهم. يرى علماء الأخلاق أن الشخص الذي يتحلى بحسن الخلق مع الله لا يمكن أن يكون سيئ الخلق مع الناس.

3.دافع للتسامح والصبر: عندما يعتقد الإنسان أن هناك يومًا للحساب وأن الله سيقتص للمظلوم، يخفف ذلك من حدة الغضب ويجعله أكثر قدرة على العفو. فالإيمان بالآخرة يحفز على التسامح ويحد من الرغبة في الانتقام.

4. موقف من الدنيا: علاقتنا بالله تعيد ترتيب أولوياتنا؛ فئدرك أن الدنيا دار عمل وليست دار جزاء، وأن الغنى الحقيقي يكون في رضا الله. هذا الفهم يقلل من الشعور بالحسد أو المنافسة المحمومة على متاع الدنيا، ويجعل الإنسان أكثر هدوءًا ورضا.

كيف نبني علاقة صحية مع الله؟

بناء علاقة قوية مع الله لا يأتي بالتمني، بل من خلال خطوات عملية وروحية، منها:

- العلم والمعرفة: تعرّف على أسماء الله وصفاته، واقرأ القرآن بتدبر. فالمعرفة تثمر خشية ومحبة لله.
- العبادة المنتظمة: حافظ على الصلوات في أوقاتها، وأدِّ العبادات الأخرى بانتظام؛ فهي صلة مباشرة مع الخالق.
- الذكر والدعاء: اجعل لسانك رطبًا بذكر الله؛ فالذكر يطمئن القلوب ويطهرها من القلق والوساوس.
- التأمل والتفكر: خصص وقتًا للتأمل في نعم الله وفي الكون، فهذا يوقظ القلب ويزيد من حضور الله في حياتك.
- الإحسان إلى الخلق: اجعل معاملاتك مع الناس خالصة لله؛ أعطِ، وسامح، وأحسن الظن، لأن الإحسان إلى الناس أحد طرق التقرب إلى الله. نحو حياة متوازنة.

يُعدّ الإيمان بالله حجر الأساس لبناء شخصية متوازنة؛ فهو يمنح طمأنينة داخلية ويضبط السلوك الخارجي. عندما يقترن هذا الإيمان بحسن الأخلاق والرغبة في الإصلاح يصبح الإنسان عنصرًا إيجابيًا في المجتمع، ويكون قادرًا على بناء علاقات صحية تحكمها الرحمة والعدالة. ولذلك فإن فهم العلاقة مع الله وتطويرها ليس مسألة شخصية فحسب، بل خطوة ضرورية لبناء مجتمع متراحم يحترم قيمة الإنسان ويحافظ على صحته النفسية.

الفصل الثالث: العلاقة مع الذات: بناء الهوية والثقة

لماذا تبدأ العلاقات من الذات؟

قبل أن نحب الآخرين أو نفهمهم، علينا أن نعرف أنفسنا ونحترمها. تشير الدراسات إلى أن كل العلاقات «تستند على علاقة الواحد بذاته»، وأن السؤال الحقيقي هو: متى أحب نفسي؟ متى أثق بنفسي؟ ومتى أكون مغرورًا؟ إننا بحاجة إلى معرفة الإجابات كي نستطيع التعامل مع الآخرين بصدق وتوازن. فالعلاقة مع الذات هي الركن الثاني بعد العلاقة مع الله، وهي تحت سيطرتنا الكاملة، لذلك يمكن تحسينها بإرادتنا.

الصدق مع النفس: تقليص الفجوة بين الصورة والواقع

إن العلاقة الصحية مع الذات تعني ألا يكون ما أنت عليه بعيدًا عما تظهره للآخرين. وهنا نستعير مثالًا من الفيلسوف وليام جيمس مفاده أن »إذا التقى اثنان فهما ستة«؛ لأن كل واحد يرى نفسه كما يراه الآخرون، ويرى الآخر كما يراه هو ويراكما هو بالفعل. كلما زادت الفجوة بين حقيقتك وصورتك الظاهرية ملأتها مشاعر الاكتئاب والخزي والشعور بالنفاق. لذلك، فإن تحسين علاقة الإنسان بنفسه يبدأ بالصدق والاتساق بين الداخل والخارج. امتنع عن ادعاء ما لا تملك، ولا ترفع شعارات مثالية إذا كنت تتصرف عكسها؛ لأن التناقض سينكشف عاجلا أم آجلا.

قبول الذات وتقديرها

من مظاهر العلاقة السليمة مع الذات أن تقبل نفسك كما هي؛ بحسناتها ونقائصها، بجمالك وقباحتك، بلون بشرتك وطولك وأصلك. إذا كنت غير واثق بذاتك ولا تقدرها، فإن أقل نظرة ازدراء يمكن أن تكسرك. أما تقدير الذات السوي فيمنحك ثباتًا أمام انتقادات الآخرين ويجعلك أقل عرضة للتأثر بالمظاهر.

الدراسات الحديثة تساند هذا الرأي؛ حيث يرى خبراء الصحة النفسية أن حب الذات هو مفتاح الصحة النفسية، وأنه يعني أن تعامل نفسك بلطف ورحمة واحترام، وأن تعطي رفاهيتك وسعادتك الأولوية في حياتك. إن قبول نفسك بما فيها من نقاط قوة وضعف يساعدك على التعامل مع التوتر وبناء علاقات جيدة مع الآخرين. كما يشدّد الخبراء على أن الاهتمام بالنفس ليس أنانية، بل شرط أساسي لتتمكن من حب الآخرين.

المرآة: أهمية الاستنصاح

لا يستطيع الإنسان أن يرى وجهه بدون مرآة، وكذلك لا يستطيع أن يرى عيوبه دون أن يستنصح غيره. وهنا قد نستخدم استعارة المرآة للدلالة على أن الآخرين يكشفون لنا أخطاءنا ويساعدوننا على تحسين أنفسنا. «المؤمن مرآة أخيه»، وعليه فإن طلب النصيحة الصادقة والاستماع إلى الملاحظات البناءة أحد أهم وسائل تقويم الذات. وهذا يتطلب أن تكون منفتحًا على النقد، وأن تختار أشخاصًا تثق بحكمهم ليكونوا مرآتك.

التواضع X احتقار الذات

هناك فارق بين التواضع والاحتقار. التواضع يعني أن ترى نفسك أقل من حقيقتك بقليل؛ وهو من أسمى الفضائل، كما يظهر في موقف عمر بن الخطاب عندما قال للصحابة: «كنتُ عميرًا يرعى الغنم، فدعوني عميرًا»: ذاك الأسلوب كان تربية للنفس على عدم الغرور. أما احتقار الذات فهو أن تحمل نفسك فوق طاقتها أو تقلل من قيمتها إلى حد سحقها. يحذّر د. ياسر الحزيمي من أن تكلف نفسك ما لا تطيق ثم تفشل، فتنخفض نظرتك لذاتك. في المقابل، يجب أيضًا تجنب تورم الذات؛ أي أن تعتقد أنك أفضل مما أنت عليه بالفعل، لأن ذلك سيؤدي إلى خيبات أمل متكررة.

التقييم الموضوعي وتحيز داننغ–كروجر

يحكي الدكتور ياسر عن «الثقة الجوفاء» الناتجة عن الجهل، ويشير إلى أن كثيرًا من الناس يعتقدون أنهم قادرون على أداء مهام تفوق قدراتهم بسبب جهلهم بمتطلبات المهمة. هذا ما وصفه علماء النفس بمتلازمة (داننغ–كروجر)، وهوانحياز إدراكي يجعل الأشخاص غير المؤهلين يبالغون في تقدير مهاراتهم، بينما يقلل المؤهلون من شأن أنفسهم. بيّنت دراسة ذكرتها «الجزيرة نت» أن طلابًا غيرمؤهلين ظنوا أنهم حققوا درجات عالية في امتحان لم يجيبوا فيه سوى عن جزء بسيط من الأسئلة. هذا التحيز يعلمنا أهمية تقييم الذات بواقعية، والاعتراف بحدود قدراتنا.

حدود العلاقات والمسافات الآمنة

معرفة حدود الذات لا يقتصر على تقييم المهارات، بل يشمل معرفة حدودك في العلاقات. تنبه الدراسات إلى ضرورة تحديد «هندسة العلاقات»: متى تقترب ومتى تبتعد، متى تمزح ومتى تصمت، متى تشتاق ومتى تحترم الخصوصية. الإفراط في الاقتراب قد يخنق الطرف الآخر، بينما الإفراط في الابتعاد يزرع الجفاء. القدرة على قراءة الإشارات وفهم حدودك مع كل شخص تحميك من الوقوع في التبعية أوالتعدي.

نصائح عملية لبناء علاقة صحية مع الذات

1. **الصراحة مع النفس:** دوّن نقاط قوتك وضعفك، واعترف بما تجيد وما تحتاج إلى تحسينه. لا تدّعِ المثالية أمام نفسك أو أمام الناس.
2. **التعاطف مع الذات:** عامل نفسك كما تعامل صديقًا مقربًا؛ لا تقسو عليها عند الخطأ، ولا تفرط في جلد الذات.
3. **الرعاية الذاتية:** اهتم بصحتك الجسدية والعاطفية والروحية، لأن رفاهيتك شرط لبناء علاقات متوازنة. امنح نفسك وقتًا للراحة والاسترخاء، وابتعد عن الأنشطة التي تستنزفك.
4. **الحدود الشخصية:** تعلم أن تقول «لا» عندما تشعر أن شيئًا ما لا يناسبك وضع الحدود يساعدك على الحفاظ على طاقتك ويمنع استغلال الآخرين لك.
5. **التعلم المستمر:** طور مهاراتك وعِش التجارب حتى تزداد معرفتك، فتزداد ثقتك بنفسك على أساس متين لا على وهم.
6. **طلب النصيحة:** اختر أصدقاء أو مرشدين تثق بهم ليكونوا مرآتك، واطلب منهم ملاحظات صادقة تساعدك على النمو.

خاتمة

بناء علاقة متوازنة مع الذات ليس رفاهية، بل ضــرورة لكل من يريد أن يعيش حياة صحية ويقيم علاقات ناجحة. فكلما كنت صادقًا مع نفسك ومتقبلًا لها، أصبح تعاملك مع الآخرين أكثر صدقًا وتسامحًا. ولأن الثقة النابعة من المعرفة تختلف عن الثقة القائمة على الجهل، فإن العمل المســتمر على تطوير الذات ومعرفة حدودها يضمن لك احترامًا لذاتك وحضورًا متزنًا في علاقاتك.

الفصل الرابع: العلاقات مع الآخرين: فن التواصل وحدود التعامل

لماذا لا يمكننا العيش وحدنا؟

بعد أن بحثنا في العلاقة الروحية مع الله وفي العلاقة مع الذات، يأتي الدور على العلاقة مع الآخرين. فمنذ اللحظة الأولى لولادتنا نكتشف أن وجودنا موقوف على حضور الآخرين؛ فالرضيع لا يستطيع إطعام نفسه، وعندما يبكي أو يتألم ينتظر يدًا حنونة تحمله وتخفف عنه. يشعر الطفل بأن أهله يلبون حاجاته، فينشأ لديه إحساس بالاستحقاق: (أنا مقبول ومحبوب لأن الآخرين يعتنون بي). لكن هذا الشعور يتغير مع الوقت؛ فمع دخولنا المدرسة أو العمل نتعلم أن حب الآخرين مشروط بسلوكنا واستجابتنا، وأنه لكي يحافظ المرء على علاقاته يجب أن يبنيها على تبادل الاحترام والمصلحة المشتركة. تؤكد هذه التجربة الإنسانية الطويلة أننا كائنات اجتماعية لا تعيش بمعزل عن المجتمع، وأن حاجتنا إلى الآخرين ليست ضعفًا، بل جزءًا من هويتنا الإنسانية.

مع ذلك، فإن الاعتماد المفرط على الآخرين يمكن أن يتحول إلى عبء نفسي يصف الدكتور ياسر كيف يتحول «الآخر» من مصدر للأمان إلى مصدر للخوف إذا أصبحت قيمتنا الذاتية متوقفة على رضاه. فحين نضخم قيمة الناس ونعتقد أنهم يملكون لنا الضر والنفع نصير أقزامًا أمامهم، ونفقد قدرتنا على اتخاذ القرارات. أما إذا احتقرنا الآخرين لرفع أنفسنا فنقع في الكبر الذي عرّفه النبي صلى الله عليه وسلم بأنه بطر الحق وغمط الناس. الطريق الوسط هو أن نتعامل مع الناس بوصفهم بشرًا لديهم نفس حدودنا، لا يملكون لأنفسهم ضرًا ولا نفعًا، وأن نعلق قيمة أنفسنا على العلاقة بالله ثم على ما نبذله من جهد حقيقي، لا على مديح الناس أو ذمّهم.

مهارات التواصل الفعال

التواصل هو العمود الفقري لكل علاقة إنسانية. ولا يقتصر التواصل على الكلام، بل يشمل طريقة الاستماع وتفسير الإشارات غير اللفظية وإدارة التوتر والقدرة على إظهار الثقة والود. تذكر دراسة منشورة على موقع «موضوع» أن التواصل الفعال يبدأ بالاستماع والإصغاء؛ فالإنصات الجيد لا يقتصر على سماع الكلمات، بل يشمل فهم مشاعر ونوايا المتحدث والتركيز الكامل على الحديث دون تشتيت الانتباه.

وعندما نصغي للآخرين بإصغاء حقيقي نشعرهم بقيمتهم ونبني معهم ثقة متبادلة.

ولا يقل دور الثقة بالنفس أهمية في التواصل. يذكر المصدر أن الثقة تساعدنا علىالتعبير عن أفكارنا بوضوح وعلى احترام آراء الآخرين، لأن هدف التواصل ليسفرض الرأي بل فهم الطرف الآخر. يُنصح أيضًا بالتحلي بالإيجابية واللطف،واستخدام نبرة صوت واضحة حتى لا يشوش الغموض على الرسالة. هذه المهارات مجتمعة تجعل الحوار مساحة آمنة ومثمرة للطرفين.

الانطباعات الأولى وخطأ الإسناد الأساسي

من أسرار بناء العلاقات الناجحة فهم الانطباعات الأولى وكيفية التعامل معها. تشير دراسة نشرت في مجلة **«الشخصية وعلم النفس الاجتماعي»** إلى أنالانطباع الأول يتكوّن خلال ثوان معدودة، وأن الناس يمنحون هذا الانطباع قيمةأعلى من الحقائق التي يعرفونها لاحقًا. هذا يعني أن سلوكك في اللقاء الأول -حركاتك، نبرة صوتك، ابتسامتك - قد يحدد نظرة الآخرين إليك لمدة طويلة. وتوضح دراسات أخرى أن البشر قد يحددون ما إذا كنت أهلاً للثقة في جزء من الثانية.

لكن هذه السرعة في الحكم ترتبط بانحياز نفسي يُسمى خطأ الإسناد الأساسي يفترض هذا الانحياز أن سلوك الآخرين يعكس شخصيتهم الداخلية، بينما نبررسلوكنا الشخصي بعوامل ظرفية. فعندما نرى شخصًا متجهمًا قد نظن أنه غاضب بطبعه، بينما قد يكون مرهقًا أو يمر بيوم صعب. وهذا الانحياز يجعل تغيير الانطباع الأول صعبًا لكنه ليس مستحيلاً. يُذكرنا المقال بأن الانطباعات مجرد بداية، وأنها قد تتغير مع التفاعل المستمر. وتشير دراسة من جامعة هارفارد إلى أن تغيير الانطباعالسلبي يتطلب ثمانية لقاءات إيجابية على الأقل؛ أي أنك بحاجة إلى الصبروالمثابرة.

لتغيير انطباع سلبي، يقترح الخبراء عدة خطوات: اطلب من الشخص فرصة ثانية،واعترف إذا كنت قد أخطأت في المرة الأولى؛ فاجئه بتصرف مخالف للانطباع السائد، كأن تبادر بالحديث إذا ظن أنك انطوائي؛ لا تهرب من الشخص بل اقترب منه وأظهر قيمتك في تفاعلات صغيرة؛ واطلب نصيحته في أمر ما، فطلب النصيحة يعزز التقدير المتبادل. وفي النهاية، أدرك أنك لا تستطيع إرضاء الجميع؛ فبعضالناس قد لا يحبك لاعتبارات خارجة عن إرادتك، وحينها يكون من الأفضل التركيز على من يقدرك.

الثقة والغرور: التوازن بين القدرة والتواضع

تناولت الدراسات الفارق بين الثقة والغرور. فالثقة هي **(شعور بالقدرة مع وجود هذه القدرة)**؛ أي أن يشعر الشخص أنه قادر لأنه يملك فعلاً خبرة أو مهارة في المجال الذي يتحدث فيه، أو لأنه يتفاعل بمستقبل مبني على تجارب سابقة

ناجحة. هذه الثقة إيجابية لأنها تدفعك للمبادرة دون تردد وتمنحك الحضور القوي الذي تحتاج إليه في التواصل. أما الغرور فهو شعور بالقدرة مع غياب القدرة؛ أن تعتقد أنك تستطيع القيام بشيء دون أن يكون لديك رصيد يثبت ذلك. الغرور يجعل صاحبه يرفض الاستماع للآخرين ولا يتقبل النقد، ويقوده إلى خيبات أمل متكررة في المقابل، يأتي احتقار الذات عندما يشعر المرء بعدم القدرة رغم وجود الكفاءة؛ يخشى مواجهة الجمهور أو إبداء رأيه، ويفسر ذلك خوفًا من الفشل أو استجابة لتنمر سابق. أما الوعي الصحي فيتجلى حين يدرك المرء محدوديته في مجال ما فيستعين بالآخرين ويعمل على تطوير نفسه.

تساعدنا معرفة هذا الفرق في التعامل مع الناس. الشخص الواثق يستمع للآخرين لأنه متأكد من نفسه ولا يرى في اختلاف آرائهم تهديدًا له؛ ولذلك يستطيع أن يدير الحوار بهدوء ويستفيد من النقد. أما المغرور فيقاطع غيره ليؤكد تفوقه، أو يُلزم الناس بآرائه. إن علاج الغرور أو احتقار الذات يبدأ بالنظر إلى سجل الإنجازات السابقة، كما يشير المتحدث، إذ علينا تذكار النجاحات الصغيرة وتطوير أنفسنا تدريجيًا حتى نبني ثقة حقيقية. ومن المهم أن ندرك أننا لا نستطيع إغلاق أفواه الناس، لكن يمكننا إغلاق آذاننا عن كلامهم المؤذي؛ فإرضاء الآخرين ليس معيارًا لقيمتنا. طمأن المتحدث أيضًا أن الانتقادات السلبية أشبه ب«كاميرا خفية»؛ هي مشاهد عابرة لا تعكس حقيقتنا ولا يملك أصحابها ضرًا ولا نفعًا لنا إلا بإذن الله.

حدود العلاقات: متى تقول «نعم» ومتى تقول «لا»؟

لا يمكن لعلاقة أن تكون صحية دون حدود تحمي الطرفين من الاستغلال أو الإرهاق توضح الصحفية زهراء أحمد في تقرير على موقع «الجزيرة نت» أن الحدود هي أنظمة داخلية للتنبيه ضد خطر الإرهاق العاطفي والنفسي». هذه الحدود تختلف بين شخص وآخر لكنها تشمل جوانب بدنية وجنسية وفكرية وعاطفية ومالية. الحدود البدنية تحدد مدى قبولك للمسّ أو العناق، والحدود الفكرية تتعلق بأفكارك ومعتقداتك، والحدود العاطفية تحدد مدى مشاركتك لمشاعرك، والحدود المالية ترسم الخط الفاصل بين حقك في الخصوصية المالية وسؤال الآخرين عن أموالك.

لبناء حدود صحية يقترح التقرير الخطوات التالية:

1. **اعرف حدودك أولا:** لا تنتظر حتى يتجاوز الآخرون حدودك لتفكر بها. دوّن قيمك الأساسية وما يزعجك عندما ينتهك. سيساعدك ذلك على توضيح

الخطوط الحمراء وتقوية احترام الذات.

2. **ابن حدودك ببطء:** لا تصنع أسوارًا عالية تحت تأثير الغضب أو الكراهية، بل تأمل حياتك وحدد أسباب كل حد. يمكن تعديل الحدود مع الوقت وفقًا للحاجة.
3. **كن حازمًا ولطيفًا:** عندما ينتهك شخص حدودك يجب أن تكون واضحًا وحازمًا، لكن دون تهديد أو لوم. استخدم جملاً مثل: «أنا أشعر بضيق عندما يحدث كذا، وما أحتاجه منك هو عدم فعل ذلك». هذه الصراحة تمنح الطرف الآخر فرصة لتصحيح سلوكه.
4. **تعلم قول «لا»:** من حقك رفض طلب يتجاوز حدودك حتى لو واجهت انتقادات. ينصح الخبراء بصياغة الرفض بطريقة «الشطيرة»، أي أن تبدأ وتنهي كلامك بشيء إيجابي وتضع الرفض في الوسط.
5. **احترم مشاعرك وحدسك:** إن شعورك بضيق مفاجئ أو ارتفاع دقات قلبك قد يكون إشارة إلى انتهاك لحدودك. لا تتجاهل هذه الإشارات، بل عدل حدودك أو عبّر عن انزعاجك.

هذه الخطوات لا تحميك فقط من الاستغلال، بل تساعد الآخرين أيضًا على فهمك واحترامك، وتؤسس لعلاقات قائمة على الوضوح والكرامة المتبادلة.

معايير الصحة النفسية في العلاقات

- **معرفة الحقوق والحدود:** كما في قصة ابن الزبير مع عمر بن الخطاب، حيث قال له: «لم تكن طريقٌ ضيقة فأوسع لك، ولم أفعل شيئًا بك». هذه الثقة العميقة بمعرفة الحقوق تجعل الشخص ثابتًا عند مواجهة الأقوياء وتحول دون استغلاله. وعندما تعرف حقوقك وحقوق الآخرين تصبح قادرًا على إدارة علاقاتك دون خوف أو عدوان.
- **قبول الخطأ والاعتراف بالنقص:** الكمال لله وحده؛ والإنسان ناقص بطبعه. لذلك لا بأس أن تخطئ وتتقبل نقد الآخرين، فاعترافك بالنقص جزء من كمالك، لأن ادعاء الكمال يقود إلى النقص الحقيقي. هذا القبول يجعلك أكثر تسامحًا مع نفسك ومع الآخرين ويُسهم في بناء علاقة صحية.
- **الشعور بالاستحقاق غير المبالغ فيه:** عليك أن تطالب بحقوقك دون أن تعتقد أنك مركز العالم. الشعور بالاستحقاق السليم يعني أن من حقك التعلم والسؤال والتعبير عن رأيك، ولكن مع احترام الآخرين وتقدير ظروفهم. أما الإفراط في الشعور بالاستحقاق فيحوّلك إلى شخص متطلب يستنزف المحيطين به.
- **عدم الاعتماد على الإطراء الخارجي:** يجب أن تُقيِّم نفسك بناءً

على جهدك وقيمك وليس على آراء الناس التي قد تكون عابرة أو خاضعة لانحيازاتهم. يعتمد الكثيرون في العصر الرقمي على إعجابات وتعليقات منصات التواصل لتقدير ذاتهم؛ وهذا يشبه بالونًا يحتاج دومًا إلى هواء خارجي، وقد ينفجر عند أول إبرة نقد. فلتكن قيمتك نابعة من الداخل ومن علاقتك بالله، لا من «**اللايكات**» أو كلمات المديح الإلكترونية.

هذه المعايير تساعدك على مراقبة علاقتك بالآخرين وتصحيحها عندما تنحرف. وهي توضح أن الصحة النفسية ليست مجرد غياب اضطراب، بل هي قدرة على تكوين علاقات متوازنة تحترم فيها نفسك والآخرين.

خاتمة :بين الانفتاح والخصوصية

العلاقات مع الآخرين هي مسرح تظهر فيه كل القيم التي بُنيت في داخلك؛ فهي مرآة لثقتك بذاتك، وعمق علاقتك بخالقك، ومهاراتك في التواصل. والانفتاح على الناس لا يعني أن تفصح عن كل شيء، ولا أن تذيب حدودك الشخصية إرضاءً لهم، بل هو تواصل قائم على الاحترام المتبادل والصدق والقدرة على قول «**لا**» حين يتجاوز الآخرون الحد. والتواصل الصحي هو مزيج من الإنصات واللغة غير اللفظية وإدارة الانفعالات والثقة بالتوازن بين القدرة والتواضع.

في هذا الفصل تعلمنا أن بناء علاقات ناجحة يبدأ بفهم النفس ثم فهم الآخر؛ فهم أن الانطباع الأول قابل للتغير، وأن سوء الفهم يُعالج بالصراحة والمثابرة؛ وأن الثقة بالنفس تختلف عن الغرور لأنها تستند إلى واقع، بينما الغرور وهم. كما تعلمنا أهمية الحدود الشخصية وأنها تحميك وتحمي الآخرين على حد سواء. هذه الدروس سترافقنا في الفصول القادمة حيث نتعمق في العلاقات الأسرية والعاطفية وكيفية رعايتها.

الفصل الخامس :الصداقة والمعارف :تصنيف العلاقات في عالم متغيّر

أهمية الصداقة في سد فجوة القرابة

في الحياة العصرية لا تملأ علاقة القرابة كل جوانب الذات؛ يحتاج الإنسان إلى رفيق يتقاسم معه الأفكار والمشاعر التي لا يجد لها متنفسًا عند الأهل .يقول أحد الحكماء عندما سئل من أحب إليك، أخوك أم صديقك؟ فأجاب :**(ما أحب أخي إلا إذا كان لي صديقًا)** .فالقرب البيولوجي لا يكفي؛ بل نحتاج إلى شخص يساندنا نفسيًا وعقليًا .قال تعالى :﴿ لَّيْسَ عَلَى الْأَعْمَىٰ حَرَجٌ وَلَا عَلَى الْأَعْرَجِ حَرَجٌ وَلَا عَلَى الْمَرِيضِ حَرَجٌ وَلَا عَلَىٰ أَنفُسِكُمْ أَن تَأْكُلُوا مِن بُيُوتِكُمْ أَوْ بُيُوتِ آبَائِكُمْ أَوْ بُيُوتِ أُمَّهَاتِكُمْ أَوْ بُيُوتِ إِخْوَانِكُمْ أَوْ بُيُوتِ أَخَوَاتِكُمْ أَوْ بُيُوتِ أَعْمَامِكُمْ أَوْ بُيُوتِ عَمَّاتِكُمْ أَوْ بُيُوتِ أَخْوَالِكُمْ أَوْ بُيُوتِ خَالَاتِكُمْ أَوْ مَا مَلَكْتُم مَّفَاتِحَهُ أَوْ صَدِيقِكُمْ ۚ لَيْسَ عَلَيْكُمْ جُنَاحٌ أَن تَأْكُلُوا جَمِيعًا أَوْ أَشْتَاتًا ۚ فَإِذَا دَخَلْتُم بُيُوتًا فَسَلِّمُوا عَلَىٰ أَنفُسِكُمْ تَحِيَّةً مِّنْ عِندِ اللَّهِ مُبَارَكَةً طَيِّبَةً ۚ كَذَٰلِكَ يُبَيِّنُ اللَّهُ لَكُمُ الْآيَاتِ لَعَلَّكُمْ تَعْقِلُونَ﴾، الآية رقم 61 من سورة النور، فقد جعل القرآن الصديق في مرتبة تداني الأقارب، إذ أباح للإنسان أن يأكل من بيت صديقه كما يأكل من بيت أهله .بل ورد لفظ الصديق في الآية بصيغة المفرد لأن الصداقة الحقيقية كي تكون صداقة لا بد أن تتسم بوحدة القلب.

وقد شجعت الشريعة الإسلامية على التآخي وتعزيز روابط المودة، فقد روي عن النبي صلى الله عليه وسلم قوله :**(الرجل على دين خليله، فلينظر أحدكم من يخالل)** .ويحذر هذا الحديث من مصاحبة من قد يفسد عقيدتنا أو أخلاقنا، ويؤكد أن اختيار الأصدقاء مسؤولية كبرى، لأنهم يؤثرون في سلوكنا أكثر مما نفعل نحن معهم .ومنزلتهم ليست فقط دنيوية، بل أخروية؛ فالقرآن يخبرنا أن أهل النار يندبون :**(فَمَا لَنَا مِن شَافِعِينَ وَلَا صَدِيقٍ حَمِيمٍ)** (101)، سورة الشعراء، مما يدل على أن الصديق الصالح يشفع لصاحبه وينفعه (100) حتى في الآخرة.

تصنيف العلاقات :صديق ورفيق ومعارف وعدو

ليس كل الناس في حياتنا سواء؛ فمن الحكمة أن نصنف علاقاتنا بحسب قربها وحقوقها .يستشهد الحوار الموجود في الملف المرفق بما قاله ابن المقفع في تربية العلاقة :)ابذل لصديقك دمك ومالك(:فالصديق الحقيقي يستحق التضحية والوقت والثقة، لأنه إنسان شاركك تفاصيل حياتك ويقف معك في الشدة والرخاء. أما الرفيق أو الرفد فهو الشخص الذي تشاركه بعض الأنشطة أو المصالح؛ تعطيه من حضورك ووقتك دون أن تفرط في خصوصيتك، ويجب أن يكون ترحابك به قائمًا على كرم الضيافة وليس على الإغداق غير المشروط. للمعارف :جمهور الناس :يكفي أن تبشَّ في وجوههم وتتعامل معهم بلباقة واحترام، فهم لا يحملون نفس حقوق الأصدقاء .وأما العدو فحتى معه يطلب منك العدل والإنصاف؛ فلا تظلمه ولا تأخذ حقه، بل تعامل معه بما يستحق.

.إن وضع تصنيف كهذا لا يعني التكبر على الناس، بل حماية النفس من استنزاف الطاقات وحفظ الحقوق فالخلط بين الدوائر يجعل الإنسان يعطي من أسراره ومشاعره لمن لا يستحق، فيُجرح أو يُستغل .لذلك يؤكد المتحدث في الحوار أن معرفتك لتصنيف الناس هي معرفتك لحقوقهم عليك .عندما تبتسم في وجه إنسان لا تعرفه أو تسلّم على زميل في العمل فأنت تؤدي حق المعارف .وعندما تضحي بوقتك لأجل صديق مخلص فأنت تؤدي حق الصداقة .وبينهما يقع الرفيق الذي تشاركه مصلحة أو هواية، ولا يجوز أن تُحمّل العلاقة به ما .لا تحتمل

الاتفاق في البداية والأخلاق في النهاية

كل علاقة :سواء كانت صداقة أو شراكة عمل أو زواجًا :تحتاج إلى اتفاق في البداية يحدد المصالح والاهتمامات والقيم المشتركة .يشير المتحدث إلى أن عدم وجود هذا الاتفاق يؤدي إلى سوء تفاهم دائم؛ فحين تختلف توقعات الطرفين يتولد الإحباط .لذلك، قبل أن تتعمق في أي علاقة، ناقش ما تتوقعه منها، وما يمكن أن تقدمه، وحدد حدودك .لا تخجل من طرح هذه الأمور في البداية حتى تحمي نفسك وتحمي الآخر.

وفي نهاية أي علاقة يجب أن تسود الأخلاق، سواء تمّت بنجاح أو انتهت بالفراق .يشير القرآن إلى أن ،الزواج ميثاق غليظ، ويأمر بأن يكون الإمساك بمعروف أو التسريح بإحسان؛ أي أن تُنهي العلاقة بكرامة ورقي فتحتفظ بالذكريات الجميلة وتترك المجال للآخر أن يعيش دون تشويه أو إساءة .وهنا نؤكد أن الفراق ليس عيبًا، بل إن موسى عليه السلام والخضر اتفقا على الفراق عندما اختلفا في الرأي .المهم هو أن يكون فراقك محمودًا، فتجعله يندم على فقدانك لا أن يكرهك بسبب سوء معاملتك.

الصديق الحقيقي :ركن في الحياة

يشرح مقال في »الجزيرة نت «فلسفة الأصدقاء من منظور الصلاة؛ فالأصدقاء ينقسمون كأركان الصلاة وواجباتها وسننها ومكروهاتها ومحرماتها .الصديق الركن هو الذي يرافقك في مختلف جوانب الحياة :العائلة والعمل والسفر :ويشاركك أحزانك وأفراحك .حضوره لا يُعوّضه أحد، كما لا تقوم الصلاة بلا الركن .وهناك أصدقاء يكونون »واجبات«، تحضرهم في جانب معين من حياتك، مثل زميل مخلص في العمل أو رفيق في الدراسة، ولكنك لا تشعر بارتياح معه في السفر أو السهر .وهناك أصدقاء »مستحبات«، تعزز وجودهم حياتك لكنها لا تبطل بغيابهم؛ وهم أصدقاء الهوايات أو زملاء الرياضة الذين تلتقيهم من حين لآخر .أما الأصدقاء الذين يتصفون بالتشاؤم والشكوى الدائمة فهم يشبهون »المكروهات «في الصلاة؛ لا تبطل صداقتك بهم لكنها تثقل قلبك، فالأفضل تخفيف الاتصال بهم .وأخيرًا، هناك علاقات قائمة على المحرمات مثل الحسد والغيرة والغيبة والنميمة؛ هذه العلاقات تدمر الصداقة تمامًا ويجب أن تُقاطع.

هذا التصنيف يساعدك في تحديد من تمنحهم الوقت والاهتمام .فالصديق الركن يستحق دمك ومالك، لأن حضوره ركيزة في حياتك .والصديق الواجب يظل مهمًا في حدود المجال الذي يجمعكما، أما الصديق المستحب فهو مساحة للتنويع والمتعة .وفي المقابل، إذا اكتشفت أن علاقة ما تحفها الحسد أو الغيرة أو سوء

الظن فواجبك قطعها دون تردد.

الأصدقاء والرفاق في العصر الرقمي

شهدت علاقات الصداقة والمعارف تغيرًا جذريًا في عصر التكنولوجيا .يذكر أحد كبار السن أنه كان يتحمل غثاثة «جاره لأنه يعرف أن الجار سيعتني بأبنائه إذا سافر، أما اليوم فالتكنولوجيا توفر كل الخدمات :يمكنك» حجز الطعام عبر التطبيقات وتوفير المال عبر المنصات؛ فلا يشعر الناس بالحاجة إلى بعضهم بعضًا .الزيارات اختزلت إلى رسائل «واتساب «أو منشورات على وسائل التواصل، فأصبح العزاء افتراضيًا وتلاشت الطقوس التي كانت تعمق الروابط .هذه الراحة الظاهرية جعلت العلاقات أقل أمانًا؛ فالناس لا يعرفون من سيقف بجوارهم في الأزمات.

تعزز التقنية التواصل عن بُعد وتسهل بناء علاقات جديدة، وتتيح للمستخدمين البقاء على اتصال مع الأصدقاء والعائلة عبر المسافات، وتشجع على تبادل الثقافة والأفكار .تسمح مواقع التواصل بمشاركة الصور والفيديوهات والتحديثات، مما يساعد الأصدقاء على متابعة حياة بعضهم البعض .كما يمكن للناس أن يكوّنوا صداقات مختارة عبر الإنترنت وينضموا إلى مبادرات اجتماعية .ومع ذلك، فإن الإدمان على التكنولوجيا يحمل آثارًا سلبية؛ فقد يؤدي الإفراط في استخدامها إلى العزلة والانفصال عن العلاقات الواقعية ويضعف مهارات التواصل الاجتماعي، وينتج عنه التنمر الإلكتروني والقلق بسبب المقارنات الاجتماعية .تشير المقالة نفسها إلى أن الاعتماد المفرط على الأجهزة يجعل أفراد الأسرة يقضون وقتًا أقل معًا، ويشجع الناس على مقارنة حياتهم المثالية على الإنترنت بحياة الآخرين، مما يسبب الغيرة وعدم الرضا.

لذلك توصي المقالة بالاعتدال في استعمال التكنولوجيا وتشجيع التواصل المباشر .استخدم الهاتف «لتحديد موعد لقاء حقيقي، لا لاستبداله، وشارك صديقك وجبة أو نزهة بدلًا من الاكتفاء بتبادل «الإيموجي. وفي نفس الوقت، استغل مزايا التكنولوجيا للتقريب بينك وبين من يبعدون عنك، واستخدمها للبحث عن أصدقاء جدد يشتركون في اهتماماتك.

كيف تختار أصدقاءك وتدير علاقاتك؟

اختيار الأصدقاء وإدارة المعارف يعتمد على التوازن بين القلب والعقل .استعن بالمعايير التالية

1. **القيم المشتركة:** اختر من يشترك معك في المبادئ الأساسية مثل الصدق والإحسان .الحديث الشريف الرجل على دين خليله «يذكرنا بأن الصديق يسحبنا إلى قيمه .فابحث عمن يرفعك، لا عمن يجرّك إلى» القاع.
2. **التبادلية:** الصداقة شارع ذو اتجاهين؛ اعطِ واطلب الدعم .إذا وجدت نفسك دائمًا من يعطي دون أن يتلقى، فأعد تقييم العلاقة وضعها في مرتبة الرفيق أو المعارف.
3. **الإيجابية والنضج:** تجنب الأصدقاء الذين يغرقونك في التشاؤم أو الغيبة أو الحسد .هؤلاء يشبهون المكروهات والمحرمات في الصلاة ولا ينفعونك في دين ولا دنيا.

4. **المرونة:** اقبل أن لكل صديق مجاله .قد يكون لك صديق للدراسة وآخر للسفر وثالث للرياضة .هذا التنوع صحي ويغني حياتك.
5. **الاتفاق والحدود:** اتفق على ما تتوقعه من العلاقة في بدايتها، وحدد ما تستطيع تقديمه، ولا تخجل من وضع الحدود .وعندما تنتهي العلاقة غادرها بأخلاق، دون تشويه أو انتقام.
6. **ا ستثمار الوقت الحقيقي:** لا تعتمد على التوا صل الافترا ضي وحده .التقِ بأ صدقائك شخصيًا، إذ يذكر مقال »التآخي «أن التكنولوجيا رغم فوائدها قد تضعف مهارات التواصل الواقعي وتزيد الشعور بالعزلة.
7. **تدرّج التصنيف:** كما اقترح المتحدث، يمكنك تعديل رتبة شخص في حياتك دون قطع العلاقة؛ غيّر اسمه في هاتفك أو قلل من ظهوره في دائرة أولوياتك .هذا يسمح لك بالحفاظ على السلم الداخلي دون إثارة صراع.

خاتمة :صداقة تدوم ومعارف تستمر

الصدقة الحقيقية نعمة، لكن الحفاظ عليها يتطلب حكمة .ينبغي أن نميّز بين الصديق الذي يستحق أن نمنحه دمنا ومالنا، والرفيق الذي يشاركنا جزءًا من الطريق، والمعارف الذين نلتقيهم بوجه طلق، والعدو الذي لا نسمح له بالظلم .في عصر التكنولوجيا، علينا ألا نختزل الصداقة في »إضافة صديق «أو » ضغط إعجاب .«يجب أن نستعيد روح الزيارة، والجلوس معًا، وتقاسم الهموم والأفراح .والأهم من ذلك أن نختار أصدقاءنا على أساس القيم المشتركة، وأن نودع علاقاتنا بأخلاق رفيعة .في الفصول المقبلة سننتقل إلى العلاقات الأسرية والعاطفية، حيث تتشابك مشاعر الرحم والحب وتحتاج إلى قوانين خاصة من التوازن.

الفصل السادس :العلاقات العاطفية والزواج من التعارف إلى الاستقرار

الزواج ارتباط أرواح لا مزادات أجساد

يتناول هذا الفصل العلاقات العاطفية والزواج بو صفهما امتدادًا لمسار التطور النفسي والاجتماعي الذي تحدثنا عنه في الفصول السابقة .لم يُخلق الإنسان ليحيا وحده؛ فالمحبة والأنس من حاجاته الأساسية .لكن الثقافة المادية المعاصرة جعلت الزواج تجارة مظهرية، فصار المهر يُنفق على الجسد والسفر والأثاث بينما يُهمل الجوهر الروحي .يسخر الدكتور يا سر من هذه الظاهرة حين يسأل :إذا كان الزواج ارتباط أرواح، فلماذا ينفق الناس كل المال على أشياء خارجية؟ ثم يحذر من اختزال الإنسان في دور واحد؛ فالعاشق الذي يركض خلف معشوقته كالثور الهائج يدمر كل ما حوله، وينسى أدواره الأخرى كعبد لله وابن وأخ وصديق .علينا أن ندرك أن الزواج حالة تكاملية بين روحين، وليس مسرحًا لإثبات الذات أو البقاء في سباق اجتماعي.

بين الإفراط والتفريط في التعارف

يشتكي كثيرون اليوم من صعوبة التعارف بين الجنسين .البعض يترك أمره للعائلة بالكامل كما كان يحدث في الماضي والبعض الآخر ينزلق في علاقات طويلة دون هدف .يشير الدكتور يا سر إلى أن الحقيقة تقع بين هذين النقيضين؛ ففي الماضي كانت بعض الزيجات تتم بسرعة ودون معرفة، لكنها كانت تنجح بفضل النوايا الصادقة .أما اليوم فهناك مبالغة في التتبع والتعلق قبل الزواج .علم النفس يؤكد أن اختيار الشريك قرار مصيري يتطلب بحثًا وتأنٍ، إذ تُظهر الدراسات أن مرحلة التعارف تحتاج وقتًا لإظهار القيم والسمات الحقيقية. يجب عليك ألا تتسرع، وأن تمنح نفسك وقتًا كافيًا لمعرفة الشخص الآخر بهدوء وبعيدًا عن ضغط المجتمع. في نفس الوقت، لا تجعل مشاعرك تقودك إلى علاقة غير مشروعة أو غير واضحة؛ فالتورط في علاقة مع زميل عمل مثلًا قد يؤثر سلبًا على أدائك وعلى علاقاتك الأخرى.

الانطباعات الأولى ومسارات العلاقة

تبدأ أي علاقة عاطفية بانطباع أولي. تم تقسيم القرار الأول إلى ثلاث خيارات :تسطيح (تحية عابرة دون اهتمام)، قطع (رفض كامل)، أو استمرار (استكشاف إمكانية العلاقة). إذا اخترت الاستمرار فإنك تدخل منطقة الميل والانجذاب؛ هنا تبدأ الاختبارات الصغيرة مثل تقديم هدية أو إظهار الاهتمام لمعرفة رد فعل الطرف الآخر. لكن يجب أن تكون صريحًا مع نفسك: إذا لم تكن تبحث عن الزواج فاحترم مشاعر الآخر وتوقف، وإن أردت الزواج فابحث عن وسيلة شرعية وآمنة للتعرف عليه. ينصح علماء النفس بإبقاء التوقعات واقعية وعدم السماح للعاطفة بتغطية الرؤية العقلانية؛ فنجاح العلاقة لا يعتمد على الكمال بل على القدرة على التنازل والتواصل.

طرح الأسئلة الصحيحة قبل الزواج

يشتكي كثيرون من الأسئلة السطحية التي تطرح أثناء الخطبة: ما لونك المفضل؟ ما هي هواياتك؟ هذه الأسئلة لا تكشف شيئًا عن التوافق الحقيقي بين الزوجين المتحدث يقترح ثلاثة مستويات للتعرف على الطرف الآخر: اسمع منه، اسمع عنه استفسر من الآخرين عنه)، واسمعه (اسمح له بسؤالك). بدلاً من التركيز على التفاصيل السطحية، اسأل عن نظرته إلى الحياة والدين، علاقته بوالديه وأصدقائه، طريقة تعامله مع الغضب والمال، ومدى تحمله للمسؤولية. ورد في الحديث الشريف أن النبي صلى الله عليه وسلم قال: **«إِذَا أَتَاكُمْ مَنْ تَرْضَوْنَ خُلُقَهُ وَدِينَهُ فَزَوِّجُوهُ»**؛ فهذا يبرز أهمية الأخلاق والدين في اختيار الشريك. كما ينصح الخبراء بالتحدث عن القيم الأساسية والاختلافات المتوقعة وعدم الخجل من مناقشة الموضوعات الحساسة، لأن مثل هذه النقاشات تنشئ تفاهمًا عميقًا. وإن كان الشريك المتقدم غير مستقر في عمله أو يتنقل بين الوظائف باستمرار، فقد يعكس ذلك عدم القدرة على تحمل المسؤولية في الحياة الزوجية. أما المرأة فيجب أن تظهر بزينتها المعتادة دون مبالغة أو خداع؛ فقد أمر النبي صلوات الله عليه بأن تظهر المرأة في «النظرة الشرعية» على طبيعتها كي لا يظلم أحد.

الطرفين الآخرسيولة الحب وملل العلاقات الحديثة

يشير عالم الاجتماع (زيغمونت باومان) إلى مصطلح الحب السائل؛ أي العلاقات التي تفقد ثباتها في العصر الحديث بسبب سرعة الحياة والانشغال بالمظاهرالمتحدث يربط هذه الفكرة بالواقع، موضحًا أن الملل كان يصيب الأزواج سابقًا بعد سبع سنوات، أما اليوم فبسبب «سيولة» العصر وصعوبة الالتزام تظهر علامات الملل بعد نحو 18 شهرًا. هذا التبخر السريع للحماس سببه انتقالنا من ثقافة الاستقرار إلى ثقافة الاستهلاك والسرعة؛ فالأزواج يتوقعون الإثارة الدائمة ولا يحتملون الصدامات الطبيعية بين شخصيتين مختلفتين. العلاج هو الاستمرار؛ فليس هناك استقرار دون استمرار وصبر. يجب أن يتعلم الزوجان كيفية إدارة الاختلافات، وأن يدركا أن العلاقة مثل نهرين يلتقيان ويصطدمان قبل أن يسيرا في مجرى واحد.

مسامير العلاقة وأهمية الأطفال

يستخدم الدكتور ياسر الحزيمي تشبيهًا جميلًا للعلاقة الزوجية بأنها تشبه جبلًا ينحت في الصخر، وأدوات النحت هي مسامير العلاقة مثل المواقف المشتركة والأبناء .عندما يرزق الزوجان بأطفال، يصبحان أكثر ميلًا للصبر

والتكيف، لأنهما يدركان أن مصير الأسرة أكبر من خلافاتهما. وجود مشروع مشترك: سواء كان أبناء، أو عملًا، أو هدفًا إنسانيًا: يساعد على تثبيت أركان الزواج. ومع ذلك لا ينبغي أن يستخدم الأطفال حجة للبقاء في علاقة مؤذية؛ بل يجب أن يكون الدافع هو الحب والمسؤولية.

نصائح لبداية زواج ناجح

تتفق الدراسات النفسية على أن السنة الأولى من الزواج مليئة بالتغييرات والتحديات، وأن طريقة تعامل الزوجين معها تؤثر على مستقبل العلاقة. وجدت دراسة بجامعة تكساس أن تراجع الحب والعاطفة خلال العامين الأولين ينبئ بالطلاق بعد 13 عامًا. وفيما يلي نصائح عملية لبداية ناجحة:

1. **إدارة المال بصدق:** ناقش كيفية إدارة الموارد المالية منذ البداية، وكن صريحًا لتجنب الخلافات.
2. **تقسيم الأعمال المنزلية:** توزيع المهام العائلية يقلل من التوتر ويحافظ على سعادة البيت.
3. **تخصيص وقت للعلاقة:** خصص أربع ساعات أسبوعيًا للشريك للقيام بأنشطة جديدة ومشوقة؛ أظهرت الأبحاث أن الأزواج الذين يلتزمون بذلك أكثر رضا.
4. **تحديد حدود العائلة:** اتفقا على كيفية تعامل الأهل والأقارب مع حياتكما الخاصة، مثل زياراتهم ودورهم في اتخاذ القرارات.
5. **احترام الاختلافات وحل الخلاف:** احترم ثقافة الطرف الآخر وتعلّم مهارات التواصل وحل النزاعات دون لعب لعبة اللوم؛ اجعل الخلافات قصيرة ولا تتجاوز 10 دقائق.
6. **مناقشة التوقعات الواقعية:** تحدثا عن توقعاتكما من الحياة الزوجية، وابتعدا عن خيالات الأفلام الرومانسية؛ التوقعات غير الواقعية تسبب ضغطًا كبيرًا. لا تطلب الكثير ولا تبحث عن الكمال؛ فالتخفيف من المعايير المستحيلة يساعد على قبول الآخر.
7. **منح الوقت للتكيف:** امنح نفسك وزوجك الوقت للتأقلم مع الأدوار والمسؤوليات الجديدة.
8. **التقدير والامتنان:** عبر عن تقديرك وامتنانك لشريك؛ وجد الباحثون أن التركيز على الأخبار السارة واللحظات الإيجابية يعزز الرضا واحترام الذات. كن كريمًا في المجاملات واللطف، واظهر الكرم بأفعال بسيطة مثل إعداد القهوة أو مساعدة الشريك.

صفات الشريك المثالي

يقدم علم النفس والكتابة الإنسانية قائمة بصفات تجعل الإنسان شريكًا جذابًا ومصدر سعادة:

- **الاعتزاز بالذات:** الأشخاص الذين يحترمون أنفسهم لا يقارنون أنفسهم بالآخرين ولا يحمّلون الشريك مسؤولية تقلباتهم. هذا يضمن وجود مسافة صحية بينهما بحيث يسعى كل منهما لتحقيق أحلامه دون انصهار كامل.

- **الصدق:** الصراحة والصدق تسهل التعامل وتؤسس للثقة، فالشريك الصادق لا يخون.
- **الثقة:** الثقة المتبادلة تمنح العلاقة شعورًا بالأمان؛ غيابها يؤدي إلى حروب سيطرة وتدمير للعلاقة.
- **الاهتمام:** التعبير عن الاهتمام بالمفاجآت والمحادثات الحميمة يعزز الرومانسية.
- **التعاطف:** فهم مشاعر الآخر والقدرة على مشاركة لحظاته الجميلة يجعله يشعر بالقرب.
- **الدعم:** الوقوف إلى جانب الشريك في الأزمات يزيد من قوة العلاقة.
- **الوفاء:** الإخلاص والثبات في المشاعر يحمي العلاقة من الانهيار.
- **روح الدعابة:** القدرة على المرح وحل النزاعات بروح خفيفة تجعل الحياة أكثر متعة.
- **الصبر:** التحمل وحسن التعامل مع العقبات يعكس الحكمة.
- **التفاؤل:** نشر السعادة وتبني النظرة الإيجابية يحفز على استمرار العلاقة.
- **اللطف والحب:** اللطف يغذي العلاقة، والحب المتبادل يمنح الشعور بالأمان والرغبة في رد الجميل.

البحث عن التكامل والنمو

العلاقة الزوجية ليست ملاذًا للهروب من الذات ولا وسيلة لملء فراغ داخلي، بل هي رحلة تكاملية نحو النمو. ينبه علماء النفس إلى ضرورة أن تعمل على نفسك بقدر ما تبحث عن الشريك المناسب؛ إذ يؤكد الباحثون أن النجاح في العلاقة يتطلب من الطرفين تطوير مهاراتهم الشخصية وإدارة توقعاتهم. يقول إريك فروم إننا نهتم كثيرًا بإيجاد الشريك المثالي، لكننا ننسى أن نكون نحن الشريك المثالي. لا يوجد توأم روح كامل؛ لذلك علينا أن نتعلم قبول الآخر وتعديل نظرتنا عند الحاجة. الاحتفاظ بواقعية التوقعات والالتزام بالتطوير الشخصي يساعدان على بناء علاقة تنمو مع الوقت بدلًا من أن تذوب في سيولة العصر.

خاتمة الفصل

العلاقات العاطفية والزواج جزء أساسي من الحياة البشرية، لكن نجاحهما يعتمد على تحقيق توازن بين العقل والعاطفة. التعارف بحاجة إلى تريث وأسئلة عميقة، والزواج بحاجة إلى الصبر والاستمرارية. يجب أن نعود إلى جوهر الزواج كارتباط أرواح، لا كعرض أزياء أو صفقة مظهرية. عندما تختار شريكك بناءً على القيم المشتركة والصفات الإنسانية، وتتعامل مع الخلافات بروح التعاطف والمسؤولية، وتقدّر شريكك وتعبر عن امتنانك، فإن الزواج يصبح مصدرًا للنمو والسعادة، لا عبئًا أو نهرًا يقود إلى الملل. في الفصل القادم سننتقل إلى العلاقات الأسرية، ونناقش دور الأبوة والأمومة وحقوق الوالدين وكيفية بناء أسرة متماسكة في عالم متغير.

الفصل السابع :العائلة وبر الوالدين :جسر الأجيال والعلاقة مع الآباء والأبناء

العائلة : من حضن الطفولة إلى صراع الأجيال

العلاقة مع العائلة هي أول تدريب يخوضه الإنسان في حياته .في طفولتنا نتعلم أن نحصل على الحب والقبول من خلال إرضاء من حولنا؛ يحكي الدكتور ياسر كيف كان يجلب الماء لإخوته، أو يحاول أن يرضيهم كي لا يعاقبوه أو يحرمونه من اللعب .ثم تتوسع الدائرة مع دخول المدرسة واستقبال الضيوف؛ تصبح نظافة المنزل والالتزام بالسلوكيات اللائقة شرطًا للحصول على رضا الوالدين .ومع مرور الوقت يربط الطفل بين إرضاء الآخرين وإرضاء والديه، ويظن أن بقاءه ونجاته متوقفان على نظرة الآخرين إليه .هذه التربية قد ترسخ في الذهن أن سخط الآخرين يعني خطرًا، بينما الحقيقة :كما يوضح الحوار :أن الإنسان لا ينبغي أن يضخم الناس؛ فهم لا يملكون لأنفسهم ضَرًّا ولا نفعًا، وإنما الله وحده هو مصدر الرزق والضرر .لذا فإن أول خطوة في إصلاح علاقاتنا الأسرية .هي التخلص من فكرة تقديس الناس، ومعاملة الجميع كبشر يمكن أن يصيبوا ويخطئوا

أصول بر الوالدين في الإسلام

بر الوالدين قيمة راسخة في جميع الثقافات، وتحتل مكانة خاصة في الإسلام .يوضح أحد الشباب في مقال بموقع »الجزيرة «أن الإحسان إلى الوالدين لا يقتصر على العطاء المادي، بل يشمل عدم إظهار الضيق أو .التململ منهم .ويضيف أن من يحسن إلى والديه يرد الله له ذلك في أولاده ويطيل عمره ويبارك في رزقه ويذكر المقال أن ما يبدو لنا أحيانًا قسوة من الوالدين إنما هو منبعث من حبهم وخوفهم علينا، وأننا لا ندرك ذلك إلا عندما نصير آباء ..لذلك يجب أن نصبر على نصائحهم ونحترم تجاربهم

التربية الدينية والخلقية أساس لتكوين علاقة صحية بين الأبناء والآباء .تشير الباحثة نادية صابا إلى أن احترام الوالدين وتعليم الأطفال القيم والأخلاق يجب أن يبدأ في سن مبكرة، لأن القيم ثابتة وإن تغيرت مظاهر الحياة .كما يحذر العلماء من أن إهمال التربية الدينية يؤدي إلى عقوق الوالدين، في حين أن تربية الأبناء على احترام الكبار والرحمة بالصغار تبني مجتمعًا متماسكًا .وترى الواعظة ثريا عرفات أن العقوق لا يقتصر على السب أو الضرب، بل يشمل أي شكل من أشكال التذمر وإظهار الاستياء إن من يحسن إلى والديه يعيش سعيدًا، ورضاهما .مفتاح من مفاتيح الجنة

دور الآباء والأمهات في العصر الحديث

شهدت العقود الأخيرة تحولًا في أدوار الوالدين، خاصة دور الأب .لم يعد الأب مجرد مصدر للرزق؛ بل أصبح شريكًا في التربية والعناية اليومية بالأطفال .يؤكد الطبيب النفسي أشرف الصلاحي أن انخراط الآباء

في حياة أبنائهم يعزز رابطتهم ويخفف العبء عن الأمهات ويسهم في تحسين التحصيل الدراسي والتطور النفسي للأطفال. كما أشارت دراسات أمريكية إلى أن الآباء اليوم أكثر تفاعلًا مع أطفالهم من الأجيال السابقة، سواء في اللعب أو المذاكرة أو قراءة القصص.

التكنولوجيا والعمل عن بعد وفرت للأسر فرصًا لقضاء المزيد من الوقت معًا. تقول المستشارة الأسرية أمل برشك إن مشاركة الآباء والأمهات لمهام المنزل ومتابعة الواجبات المدرسية عبر الوسائل الإلكترونية تساعد على تضييق فجوة الأجيال وتعزز الحوار الإيجابي. كما أن التكنولوجيا تخلق فضاءً لتعلّم مهارات جديدة من الأبناء؛ فالأبناء يعلمون آباءهم استخدام التطبيقات، والآباء ينقلون إليهم خبرات الحياة. هذه الشراكة تحول علاقة الوالدين مع أبنائهم إلى علاقة تعاون أكثر منها علاقة أوامر ونواهي.

تحديات التكنولوجيا والفجوة بين الأجيال

رغم ما تقدمه التكنولوجيا من فرص للحوار، فإنها تشكل كذلك تحديًا في العلاقات الأسرية. يشتكي بعض الآباء من أن أبناءهم صاروا مشغولين بهواتفهم ولا يشاركونهم الحديث، ويشعر بعض الأبناء بأن آباءهم يعيشون بعقلية قديمة ولا يفهمون عالمهم الرقمي. يذكر المقال عن بر الوالدين أن الحياة المتسارعة وضغط العمل ووسائل التواصل تقلل من التفاعل العاطفي داخل الأسرة، وتزرع مظاهر الجفاء والوقاحة إذا لم تكن هناك تربية دينية وأخلاقية توازن هذا الانفصال. لذلك من الضروري أن يخصص الأهل أوقاتًا خالية من الأجهزة للتحدث مع أبنائهم، وأن يتبادل الطرفان التعلم: يُطلع الأبناء آباءهم على ما يشاهدون ويسمعون، فيما ينقل الآباء لأبنائهم تجاربهم وقيمهم.

الاستقلال والحدود مع الأبناء البالغين

عندما يكبر الأبناء ويدخلون مرحلة الرشد، تتغير طبيعة العلاقة مع الوالدين. استمرار الوالدين في التدخل في تفاصيل حياة أبنائهم البالغين قد يولد استياءً عند الطرفين. تنصح الكاتبة روبرتا بروس في مقال حول استقلالية الأبناء بأن يضع الوالدان حدودًا واضحة مع أبنائهم: يسمحان لهم باتخاذ قراراتهم وتحمل نتائجها، ويكتفيان بتقديم المشورة عند الطلب. وترى أن هذه الحدود تساعد الأبناء على تنمية المسؤولية وبناء هويتهم الشخصية، وتتيح للوالدين اكتشاف هوياتهم خارج دور الأبوة. وتشمل النصائح مقاومة رغبة الوالدين في إنقاذ أبنائهم من كل خطأ، والإقرار بأن لكل إنسان طريقًا مختلفًا، وتقسيم المسؤوليات بوضوح. إن العلاقات الصحية تستند إلى احترام استقلال الآخر، سواء كان الابن أو الوالد.

تحطيم الأصنام: كيف نرى أهالينا والآخرين كبشر؟

يروي الدكتور ياسر حزيمي أن أحد الأخطاء الشائعة هو تضخيم الآخر حتى يصبح مصدرًا للأمان أو الخوف. عندما يربط الطفل رضا والديه أو قبول الآخرين ببقائه، فإنه يصبح أسيرًا لحكم الآخرين. ومع الوقت يعمم هذا الشعور على باقي علاقاته، فيرى نفسه صغيرًا أمام «الآخر الكبير» ويعتقد أن الناس يملكون مصيره.

هذا الشعور يؤدي إلى التبعية وتضخم الذات عند المقارنة بالآخرين .الحل هو أن نُنزِل الآخرين منازلهم، وأن ندرك أنهم بشر مثلنا؛ لا يملكون لأنفسهم ضرًا ولا نفعًا، فكيف يملكونه لنا؟ بدلًا من القلق المفرط حيال نظرة الناس، علينا أن نعمل ما يرضي الله والضمير، ونبني علاقاتنا على الاحترام المتبادل لا على الخوف أو التقديس .عندما نتعامل مع أهلنا .وأبنائنا بهذه النظرة، نصبح أكثر صدقًا ورحمة، ونخفف من التوتر الناتج عن توقع الكمال من الآخرين

نصائح لبناء علاقة أسرية صحية

- **اجعل البر أساس العلاقة:** احرص على إرضاء والديك وإسعادهما بما تستطيع، وتذكر أن الإحسان إليهما ينعكس خيرًا عليك وعلى أبنائك، وأن سخطهما قد يحرمك البركة.
- **.لا تشتكِ ولا تظهر الضيق:** تذكر أن التذمر أمام والديك أو معاملتهما بفظاظة يُعد من العقوق عبّر عن رأيك بأدب واحترام، واستمع إلى نصائحهما بفهم.
- **تقاسم الأدوار:** انخرط في تربية الأبناء وتقاسم المهام المنزلية؛ فالآباء والأمهات الشركاء يربون .أطفالًا أكثر استقرارًا
- **خصص وقتًا للحوار:** حدّد أوقاتًا خالية من الأجهزة للحديث مع العائلة؛ استخدم التكنولوجيا للتعاون، لا للتباعد.
- **.احترام الاستقلال** :ضع حدودًا مع الأبناء البالغين، ودعهم يتحملون المسؤولية عن قراراتهم
- **،تعلم من أبنائك وتعلمهم:** أنشئ علاقة متبادلة يتعلم فيها الآباء من أبنائهم مهارات جديدة ويعلم الأبناء القيم والخبرات.
- **اعتدل في التوقعات:** تذكر أن أهلك وأولادك ليسوا ملائكة ولا شياطين؛ هم بشر يخطئون ويصيبون لا تضعهم في مقام فوق البشر، ولا تحط من قدرهم.

خاتمة

العائلة هي المصنع الأول للعلاقات الإنسانية. فيها نتعلم معنى الحب، والطاعة،والاستقلال، ونختبر كيف نتعامل مع السلطة والاختلاف. بر الوالدين ليس عملاًشعائريًا فحسب، بل هو طريقة حياة تتجلى في اللطف والاحترام والنصيحة الطيبة. وفي المقابل، على الوالدين أن يواكبا العصر، ويتشاركا في تربية أبنائهم، ويحترما استقلالهم عندما يكبرون. عندما نكسر أصنام «الأب المثالي» و«الابن المثالي»، وننظر إلى بعضنا كبشر يخطئون ويصححون، نعيد للعائلة دفئها. في الفصل التالي سننتقل إلى «الأخوة والأقارب»، حيث نتناول كيف تبنى العلاقات مع الإخوة وأبناء العم والعمة، وكيف يمكن للعائلة الممتدة أن تكون مصدر قوة أو صراع.

الفصل الثامن :التسامح والتصالح مع الذات والآخرين

التسامح :قوة تربط الإنسان بالآخرين

لا توجد علاقة إنسانية تخلو من الألم. قد يخذلك صديق، أو يسيء إليك قريب، أو تندم على خطأ ارتكبته في حق نفسك. حمل هذه الجروح من دون محاولة مداواتها يحوّل القلب إلى مستودع للمرارة ويضعف قدرتنا على مواصلة الحياة. توضحخبيرة التنمية البشرية لولوة البنعلي أن التسامح يقلل المشاحنات ويقوي النسيجالاجتماعي لأنه يمنح الفرد السلام الداخلي والقدرة على تقبل الآخر. ورغم أنالنفس البشرية تخشى كل ما هو جديد، إلا أن التسامح يصبح أسهل مع الممارسةوالتقبل، ويتحول إلى سمة لمن يرغب في التغيير. تعتبر البنعلي التسامح قوة:القوي هو من يعتذر عن أخطائه ويعترف بها ويحاول إصلاحها. ففي العلاقات،الاعتذار ليس ضعفًا بل شجاعة تشعر الآخر بقيمته وتعيد الثقة.

فوائد التسامح لصحتك وعلاقاتك

التسامح ليس مجرد فضيلة دينية أو خلقية؛ بل هو أمر ضروري لصحة الفرد النفسيةوالجسدية. يوضح تحقيق على موقع «ميدان» أن المسامحة تخرجك من وضع الضحية وتسمح لك بكسر الروابط السلبية التي تربطك بمن أساء إليك. تشير دراسات عدة إلى أن التسامح يرتبط بنتائج صحية إيجابية، مثل تقليل القلق والاكتئاب وتحسين النوم والحد من خطر الإصابة بأمراض القلب. ترى الباحثة أبيجيل برينر أن التسامح يمنحك القدرة على تعيين حدود واضحة مع الشخصالمسيء دون أن يعني المصالحة معه؛ فهو يحدث داخل جلدك، ويوقف سيطرة الآخر على حياتك. وبالنسبة لعلاقات الطلاق أو الانفصال، فإن التسامح يساعد الأزواج السابقين على رؤية بعضهم كبشر لهم عيوب ومزايا، مما يسه''ل التعاون من أجل الأطفال.

كيف تمارس التسامح وتضع حدودًا

لا يعني التسامح التساهل مع الظلم أو التنازل عن الحدود، بل هو قرار واع بالتخلي عن مشاعر الاستياء والغضب دون أن تبرر السلوك السيئ. توضح لولوة البنعلي أن التسامح ضروري لتواصل الناس ورقي التعاملات، لأن الحياة قائمة على التبادل والأخذ والعطاء. وتشدد على ضرورة تربية الأطفال على التسامح في المدرسة والمنزل، مع تعليمهم أن التسامح يبدأ من الاعتراف بالخطأ والاعتذار. لكن هناك حالات لا يستحق أصحابها

التسامح، مثل الأشخاص الذين يتعمدون إلحاق الأذى بالآخرين؛ هنا يكون من الحكمة وضع حدود وعدم السماح لهم بالاقتراب، فالتسامح لا يلزم المصالحة بالإضافة إلى التسامح مع الآخرين، يجب أن نتعلم مسامحة أنفسنا. تشير البنعلي إلى أن الكثير من الناس يجلدون أنفسهم ويحمّلونها ما لا طاقة لها به، في حين أن مسامحة الذات تساعد على تحرير الطاقة لمتابعة الطريق. التسامح مع الذات لايعني تبرير الأخطاء، بل الاعتراف بها وتعلم الدرس والمضي قدمًا. وإلا فإن اللوم المستمر يولد مشاعر سلبية تعوق التقدير الذاتي وتضر بالعلاقة بالآخرين.

التميز بين تقبّل الذات والرضا عن الحال

تناول الدكتور ياسر الحزيمي الفرق بين التقبل والقبول. فالتقبل يعني الاعتراف بواقعك الحالي: وزنك، لون بشرتك، سيارتك، مستواك الاجتماعي: بدون خجل أوإحساس بالنقص؛ يمكنك أن تضحك على بطنك الممتلئة أو تتحدث عن سيارتك القديمة بلا استحياء. أما القبول بمعنى الرضا السلبي فهو الاستسلام لهذا الوضع وعدم السعي للتغيير. الفتاة التي لا تتقبل جسدها قد تنزوي عن المناسبات وتشعر بالإحراج، بينما الشخص الذي يتقبل وضعه ينطلق ليجري ويتمرن ويستمتع برحلته نحو التحسن. التقبل هنا لا يبرر الخطأ بل يحوله إلى دافع؛ هو يقول لنفسه: أنا ناقص، وهذا من طبعي البشري، لكني أستطيع أن أتحسن. من هذا المنطلق، يصبح السعي للكمال رحلة ممتعة بدلًا من مصدر للعذاب .هذه الفلسفة تنعكس على علاقاتنا؛ عندما نتقبل أنفسنا نخفف الحاجة إلى تضخيم الآخرين أو البحث عن قيمتنا في نظراتهم. يحذر الدكتور ياسر من الاعتماد على المدح الخارجي؛ فالإنسان المعاصر صار كالبالون يحتاج إلى من ينفخه من الخارج، بينما الأفضل أن يملأ نفسه بالقيم الداخلية والإيمان. عندما نعرف حقوقنا وحدودنا، نستطيع أن نتعامل مع الآخرين بدون خوف أو خجل، ونمنحهم احترامًا دون أن نتنازل عن أنفسنا.

فهم الذات في مواجهة تأثير الثقافة المادية يحذر الدكتور ياسر من خلط «عصير الليمون بماء زمزم»؛ أي مزج القيم الإسلامية بالأفكار المادية الغربية بطريقة تجعلنا نفقد جوهر الاثنين. الثقافة الغربية تقدم منظومة كاملة؛ إذا أخذت منها المظاهر الخارجية فقط: مثل الحرية المطلقة للجسد أو التركيز على المظاهر: دون منظومتها الأخلاقية، ستعيش تناقضًا يُفرغ العلاقات من المعنى. يشير إلى أن المادية جعلت الناس يركزون على الشكل:الشاب يشتري أثاثًا فاخرًا من أجل المظاهر وينسى الاستثمار في تطوير شخصيته وروحه. هذا الانشغال بالمظهر يتعدى الذات ليؤثر في العلاقات؛ فالعلاقات القائمة على الجسد أو المال لا تدوم، ويصبح الإنسان ضحية للنظرة الاستهلاكية التي ترى الآخرين «منتجات» يمكن تبديلها. لمواجهة هذا التيار، يجب أن نعود إلى القيم التيتعطي الأولوية للجوهر: الصدق، الرحمة، الالتزام، ومحاسبة النفس على أساس أخلاقيات متجاوزة.

البحث عن المرآة الصحيحة

من السهل أن نحتار في تقييم أنفسنا بسبب ضوضاء المجتمع والإعلام. لذلك يشير الدكتور ياسر إلى أهمية اختيار من نستشيرهم في حياتنا. لكي تكون الاستشارة مفيدة ينبغي أن تتوفر في المستشار ثلاث صفات: أن يكون حكيمًا ومعروفًا بالحكمة، وأن يعرفك معرفة حقيقية، وأن يكون مطلعًا على موضوعك. هؤلاء الأشخاص

يعملون ك«مرآة» تعكس صورتك بصدق وتساعدك على التحسن. أما الذين يملكون وجهين: يمتدحونك في حضورك ويذمونك في غيابك: فهم شر الناس. الصدق مع النفس ومع الآخرين هو حجر الأساس لبناء علاقات متينة؛ إن كنت تريد علاج أسنانك فعليك أن تفتح فمك للطبيب المختص، لا للجميع.

نصائح عملية للتسامح والتصالح مع الذات

- **تخيل عن حمل الأحقاد:** الحياة أقصر من أن تقضيها في كراهية؛ سامح الآخرين وامض قدمًا. هذا لا يعني المصالحة مع المسيء، لكنه يحميك من سجن الاستياء.
- **اعتذر عند الخطأ:** التسامح يبدأ من الاعتراف بالخطأ والاعتذار. تعلم أن تقول «أنا آسف» و«شكرًا» بصدق.
- **ضع حدودًا:** يمكن لبعض الأشخاص أن يكونوا سُميّين؛ ليسوا أهلاً للتسامح لأنهم يتعمدون الأذى. ضع مسافة آمنة معهم؛ التسامح لا يفرض عليك معاشرة المسيء.
- **سامح نفسك:** لا تجلد ذاتك؛ تقبل الأخطاء كجزء من رحلة التعلم. مارس مسامحة الذات بحسب النصائح العلمية، فهذا يحررك للمضي قدمًا.
- **استثمر في الجوهر:** لا تجعل تقييمك لذاتك ينبع من شهرة أو مظهر أو إعجاب الآخرين. أعد بناء مصدر قيمتك في الداخل بالعلم والعمل والإيمان.
- **تعلم التسامح منذ الصغر:** ر ""ب أبناءك على التسامح في البيت والمدرسة. اجعل الحوار والاحترام جزءًا من حياتك اليومية.
- **اطلب الاستشارة ممن تتوافر فيهم صفات الحكمة والمعرفة الشخصية والمعرفة بالموضوع:** هؤلاء سيشكلون «مرآتك» الحقيقية التي تساعدك على التصحيح.

خاتمة

التسامح والتصالح مع الذات هما الجسر الذي يعبر بنا فوق جراح الماضي إلى مستقبل أكثر توازنًا وسكينة. ليس التسامح تنازلاً عن العدالة أو دعوة إلى الاستمرار في الظلم، بل هو تحرير للنفس وإعلان قوة داخلية. عندما نتقن فن التسامح، ونميز بين تقبّل الذات والرضا السلبي، ونبتعد عن سطوة المظاهر، ونبحث عن مرآة صادقة، نصبح قادرين على بناء علاقات صحية مع الآخرين ومع أنفسنا. في الفصل القادم سننتقل إلى العلاقات المهنية والعمل، حيث سنستكشفكيف توازن بين الطموح والروح، وكيف تبني علاقات عمل قائمة على الاحتراموالتعاون.

الفصل التاسع: العلاقات المهنية : بين الزمالة والاحتراف

مقدمة: العمل أكثر من مجرد وظيفة

يمضي الإنسان جزءًا كبيرًا من حياته في مكان العمل، وقد تزيد ساعات العمل عن الوقت الذي يقضيه مع أسرته أو أصدقائه. لهذا لا يمكن إغفال تأثير العلاقة مع المدير والزملاء على الصحة النفسية والإنتاجية. فالعمل الناجح ليس مجرد مهام تؤدى، بل شبكة من العلاقات المتداخلة، فيها تعاون وتنافس واحترام ومصالح مشتركة. يشير أحد المقالات إلى أن احترام الزملاء وتجنب النميمة والتواضع في التعامل عوامل ضرورية لخلق بيئة عمل صحية. هذا الفصل يناقش كيفية بناء علاقات مهنية متوازنة، ويحذر من الوقوع في شرك تقديس الأشخاص أو تحويل الناس إلى أرقام.

احترام التسلسل الهرمي دون تقديس المدير

في بعض الشركات يُعامل المدير كأنه يملك مصائر الموظفين: المقابلة الشخصية هي «مستقبلك »، وكلمة المدير قد «ترفعك أو تخفضك ». يحذر الحوار من إعطاء البشر جزءًا من الربوبية، سواء كان المدير أو اللجنة التي تجري المقابلات. فالمدير، مهما بلغت سلطته، لا يملك لك نفعًا ولا ضرًا إلا بقدر ما قدّره الله، ولا يجب أن تتعلق قيمتك برضاه أو مديحه. عندما ذهب الإمام **الأوزاعي** لمقابلة الأمير، لبس أكفانه ظنًا أنه سيُقتل، لكنه حين دخل ورأى الأمير على كرسيه تذكر عرش الله فصغر الأمير في عينه. إن إدراك أن الله هو الرزاق الحقيقي يخلصك من القلق ويمنحك ثقة تجعل تعاملاتك المهنية أكثر اتزانًا. فلا تصاب بالخوف من مقابلة مدير أو لجنة، ولا تغتر إذا امتدحوك؛ قيمتك تنبع من داخلك، لا من نفخ الآخرين لك كالكرة المطاطية.

الرأسمالية والعقود والتشييء

يحكي الدكتور ياسر حزيمي قصة مدير شركة قرر فجأة نقل مجموعةمن الموظفين إلى فرع آخر لإعادة «تدوير» الدماء. القرار تم ببرود تام دون مراعاة لعائلاتهم وبيوتهم ومدارس أطفالهم، لأنهم مجرد «أرقام» في جدول المواردالبشرية. هذه الظاهرة تسمى التشييء: تحويل البشر إلى أشياء تستخدم

ثم ترمى.في أوروبا، ومع انتشار العقلية العقدية والترشيد، ظهرت عنصرية جديدة تبررالاستغلال بحجة الكفاءة. يحذر ياسر من هذه النظرة ويذكر أنها تمتد إلى العمالةالمنزلية وعمّال البناء؛ يُنظر إليهم كأشياء لا تستحق التعاطف، وكأنهم «حشرات»قادرة على تحمل أي شيء. للتصدي لهذه الظاهرة يجب أن نتذكر أن العامل لهروح وشعور وأسرة. عندما تتفق مع عامل على أجر 50، فهذا عدل، ولكن إضافةوجبة أو كوب ماء تعبر عن إنسانيتك. التعاقد لا يلغي الأخلاق؛ وتجاهل حاجاتالآخرين يجعل المجتمع غابة.

الالتزام والاستقرار في العمل

التنقل المستمر بين الوظائف أصبح شائعًا في عصر السيولة؛ لكن الدراسات تنبه إلى أن كثرة التنقل قد تدل على عدم تحمل المسؤولية .الشخص الذي يشكو كل مرة من المدير أو الراتب أو زملائه قد يفعل الشيء نفسه في علاقاته الأسرية. لهذا يرى بعض الآباء أن السيرة الذاتية للشخص المتقدم لخطبة ابنتهم يجب أن تُدرس :إن كان ينتقل كل بضعة أشهر من وظيفة لأخرى، فقد لا يتحمل التزام الزواج ومسؤولية الأسرة .من يريد علاقات مهنية متينة يجب أن يصبر ويتعلم من الصدامات الأولى، كما يصبر الزوجان على اختلاف طباعهما حتى ينساب النهران في مجرى واحد .الاتزان لا يعني البقاء في وظيفة سامة، لكنه يعني ألا تكون ردود أفعالك مدفوعة .بأقل خلاف مع مدير أو زميل؛ أعطِ نفسك والآخرين فرصة للنمو والتعلم

الاتزان بين الصداقة والزمالة

العمل يجمع بين أشخاص من خلفيات مختلفة :قد تتطور بعض العلاقات إلى صداقة حقيقية، لكن يجب أن نتذكر أن مكان العمل ليس ناديًا اجتماعيًا .الصداقة في العمل مفيدة إذا لم تؤثر على العدالة والشفافية؛ أما جعل الصداقة معيارًا للترقيات أو التحفيز فيُفسد الأجواء .في المقابل، معاملة كل الزملاء ببرود وجفاء، تخلق بيئة سلبية .التوازن يكمن في الزمالة الاحترافية :قدم الدعم لزميلك شاركه المعرفة، وكن مستعدًا لمد يد العون بدون الدخول في تفاصيل شخصية قد لا يرغب في مشاركتها معك .وعند حدوث خلاف، التزم بالموضوعية، ولا تحول الاختلاف .إلى عداء شخصي

فن التعامل مع الزملاء

تقدم موسوعة قائمة من الآداب التي تسهم في بناء علاقات زمالة صحية :

- **الاحترام المتبادل:** الاحترام أساس روح الفريق، ويجب أن يشمل جميع الزملاء دون استثناء.
- **الابتعاد عن النميمة:** النميمة تفقد صاحبها الثقة والاحترام، وتخلق أجواء مسمومة.
- **التواضع:** تجنب التكبر على الآخرين، واعرف قدراتك وحدودك.
- **الاعتراف بالخطأ والاعتذار:** الشخص الناجح يقر بأخطائه ويعمل على إصلاحها.
- **استقلالية الفكر والتحدث بثقة:** عبر عن آرائك بوضوح وجرأة، لكن دون تعدٍ على الآخرين.
- **مساعدة الموظفين الجدد:** الترحيب بالمبتدئين ومساعدتهم يقوي العلاقات.
- **الصبر والاستماع:** تحلَّ بالصبر عند التعامل مع اختلافات الزملاء، وكن مستمعًا جيدًا.
- **المظهر اللائق:** الاهتمام بالمظهر يعكس احترامك لذاتك ولزملائك.

اتباع هذه الآداب يعزز الثقة والإنتاجية ويخلق بيئة عمل يشعر فيها الجميع بالأمان والتقدير.

العلاقة بين المدير والموظف

يكشف استطلاع نشر في موقع »البلاغ «عن تعقيد العلاقة بين المدير والموظف .فبينما يرى 53% من الموظفين أنهم قادرون على تسيير العمل أفضل من مديرهم، يعتبر 47% خلاف ذلك .ويظهر الاستطلاع أن 50% من الموظفين يرون المدير سبب حبهم للعمل، في حين يقول 12% إنه سبب كراهيتهم له .يشعر معظم الموظفين 67% باللامبالاة عند دخول مكتب المدير، لكن 23% يشعرون بالتوتر و10% بالرهبة .هذه الأرقام تكشف أن علاقة المدير والموظف ليست بسيطة؛ فهناك من يرى مديره عدوًا يجب تحديه، وآخرون يرون فيه مصدر إلهام.

الشهادات الفردية في المقال تظهر حالات متنوعة :يرى محمود سالم نفسه أكفأ من مديره لكنه يحافظ على علاقة طيبة معه لأنه يحترمه ولا يحب افتعال المشاكل .هادي البجاني يعتقد أن مديره عديم الكفاءة لأنه ورث الشركة، ومع ذلك لا يسعى إلى تغيير العلاقة بل يلتزم بالعمل من أجل الراتب .كمال بوحيات يروي تجربة عمل مع مدير متسلط ومغرور حوّل حياة الموظفين إلى كابوس، مما دفعه للاستقالة .هذه القصص تبيّن أن نجاح العلاقة .يعتمد على الاحترام المتبادل، كفاءة المدير، وذكاء الموظف في التعامل.

الذكاء الاجتماعي وفهم الأدوار

من الذكاء الاجتماعي إدراك أن أدوارك تتغير بتغير السياق .في العمل قد تكون أنت المدير، وفي البيت أنت الابن الذي يأخذ الأوامر من والدته .يعرف الشخص الناضج »رقمه الاجتماعي «في كل موقف؛ كما يقول الجاحظ :**صدور المجالس مقالع** :أي إن جلست في صدر المجلس ستأتيك »يد «ترفعك إن جاء من هو أحق بالمكان .النصيحة هي أن تختار موقعك بتواضع، فلا تستعرض سلطتك حيث لا لزوم، وتحترم من هم أكبر سنًا أو أكثر علمًا أو أصحاب ظرف خاص .في الاجتماع الرسمي يجلس المدير في المقدمة لأن السياق إداري، لكن حين يسافر الموظفون معًا، يُقدَّم الأكبر سنًا؛ هنا يتحول المدير إلى رقم آخر .معرفة هذه التفاصيل تمنحك اللياقة وتجنبك .الإحراج

نصائح عملية لبناء علاقات مهنية ناجحة

- **احترم زملاءك ومديريك، لكن لا تقدسهم:** اعلم أن الجميع بشر معرضون للخطأ؛ لا تجعل رضا مديرك معيارًا لقيمتك.

- **عامل موظفيك بإنسانية:** إذا كنت مديرًا، تذكر أن موظفيك لديهم عائلات وأحلام. لا تضعهم في خانة الأرقام، واستمع إلى ظروفهم قبل اتخاذ قراراتك.

- **التزم بالاتفاقات وزد عليها بالأخلاق:** أدِّ عملك بإتقان، وأضف لمسة إنسانية بتقديم المساعدة أو النصيحة لمن يحتاجها.

- **احذر من النميمة والشكوى المستمرة:** تدمّر النميمة العلاقات وتُفقدك الثقة. والشكوى الدائمة عن المدير والراتب قد تُظهرك بمظهر غير مسؤول.

- **كن صادقًا ومتزنًا:** لا ترتدِ أقنعة متعددة لترضى كل طرف؛ السلوك الصادق يبعث على الثقة ويحد من سوء الفهم.

- **استمع وتعلم:** استمع لزملائك ومديريك، وتعلم من النقد لتحسين أدائك. الحوار أهم من فرض الآراء.

- **حافظ على الاستقرار، لكن كن مستعدًا للتغيير عند الضرورة:** لا تتخذ قرارات متسرعة بترك العمل بسبب خلافات بسيطة، ووازن بين مصلحة العمل وكرامتك.

- **طوّر نفسك باستمرار:** مستقل الفكر والتحدث بثقة، وطوّر مهاراتك المهنية والمعرفية لتعزز مكانتك في العمل.

خاتمة

العلاقات المهنية هي مزيج من الأخلاق والعقود والمصالح. النجاح في العمل لا يعتمد فقط على قدراتك التقنية، بل على قدرتك على التعامل مع الآخرين باحترام وصدق وإنسانية. عندما تدرك أن مديرك ليس إلهًا وأن زملاءك ليسوا أرقامًا، ستصبح أكثر قدرة على بناء شبكة من الثقة والتعاون. في الفصل التالي سنتناول العلاقات الجوارية والمجتمعية، وكيف يمكن للأحياء والقرى أن تتحول إلى عائلات كبيرة تتبادل الدعم وتتحد أمام تحديات العصر.

الفصل العاشر :العلاقات المجتمعية والجيران

تمهيد

في زمنٍ تتزايد فيه معدلات العزلة ويغرق الكثيرون في عالمٍ رقمي، يكاد مفهوم الجار أن يتلاشــى .في الما ضي كان الجار سندًا حقيقيًا؛ يراقب أطفالك إذا غادرت المدينة، ويقتسم معك الطعام، ويشاركك أفراحك ،وأتراحك .كنا كثيرًا ما نسمع وصف كيف كانت علاقة الجوار «الغراء»التي تربط الناس؛ وإذا اختفى هذا الغراء فمن سيحمل نعشك عند موتك؟ لقد أصبحت الخدمات الإلكترونية والقدرة على استئجار العاملين تحل محل التعاون، وتحوَّلت معظم العلاقات إلى استهلاك وعروض عبر مواقع التواصل الاجتماعي، حتى ظن البعض أن تعليقًا على «تويتر» .يغني عن الحضور إلى الجنازة.

أزمة الجوار في العصر الحديث

تراجع حضور الجيران في حياتنا يعود إلى عدة عوامل:

1. **الاعتماد على الخدمات بدلًا من التعاون:** كانت الجارة ترعى أبناء جارتها ويقدم الجيران ،الحماية والدعم عند السـفر أو المرض .اليوم نلجأ إلى تطبيقات التوصـيل وجليسـات الأطفال فنفتقد .اللحظات الإنسانية التي تُبنى خلالها الثقة والمودة
2. «**ثقافة الاسـتهلاك والتشـيء** :شـبكات التواصـل الاجتماعي جعلت العلاقات »افتراضـية ومنفصـلة عن الواقع؛ بعض الناس يكتفون بكتابة تعليق مواسـاة بدلًا من الزيارة .هذه الثقافة تضعف حس .المسؤولية الجماعية وتزرع الأنانية
3. ،**انشـغال الأفراد بأدوارهم الأخرى:** للإنسـان أدوار عديدة :عبد لله، ابن، أب، صـديق، موظف ،مواطن، جار :وعندما نختزل أنفسنا في دور واحد)كالعمل أو علاقة عاطفية(نهمل بقية الأدوار ومنها دور الجار .تجاهل هذه الأدوار يسبب اختلالًا في منظومة العلاقات.

مع ذلك، فإن قوة المجتمع تبدأ من قوة الجوار؛ فلا يمكن الحديث عن تعاطف إنساني أو تكافل اجتماعي بدون شبكة من الجيران الذين يعرفون بعضهم ويهتمون ببعضهم.

حقوق الجار وآداب التعامل معه

يُعد الاحترام المتبادل بين الجيران أحد أهم مبادئ العلاقات المجتمعية. تأتي أهمية الجار في القرآن الكريم في سياق أمر الله بالإحسان إلى أهل البيت والأقارب واليتامى والمساكين، ثم يذكر: **(وَالجَارِ ذِي القُرْبَى وَالجَارِ الجُنُبِ)**، سورة النساء - الآية 36. يتبع النص القرآني مباشرة الوصية بالجار، مما يدل على مكانته، سواء كان قريبًا تربطنا به صلة قرابة، أو جارًا ليس بيننا وبينه نسب.

في السنة النبوية تحضر وصايا كثيرة؛ فقد قال النبي : **(ما زال جبريل يوصيني بالجار حتى ظننتُ أنه سيورثه)**، وهذا تصوير قوي لمدى عناية الإسلام بحسن الجوار. وفي حديث آخر أوصى النبي بإضافة الماء إلى المرق عند الطبخ ثم مشاركة الجيران به، وفي رواية أخرى قال: **(من كان يؤمن بالله واليوم الآخرفليُكرم جاره... فلا يؤذِ جاره... فليُحسن إلى جاره)**. تفسير العلماء لهذه الأحاديث يبين أن حق الجار يتضمن حسن المعاملة وكف الأذى عنه ومشاركته في الخيرات حتى ولو كان العطاء بسيطًا.

من حقوق الجار أيضًا :

- **عدم إيذائه:** يشمل ذلك كل أوجه الإزعاج؛ من وضع القمامة أمام بابه أو رفع صوت الموسيقى إلى التدخل في خصوصياته وإفشاء أسراره. يؤكد ابن باز أن الواجب على المسلم ألا يؤذي جاره بأي طريقة.

- **تفقد أحواله ومساندته:** زيارة الجار عند مرضه، ومساعدته عندما يحتاج، تعد من السنن المؤكدة. وقد كان النبي ﷺ يحث على زيادة كمية الطعام ومشاركة الجيران به.

- **حفظ حقوقه واحترام حدوده:** في أحد الأحاديث نهى النبي جاره عن منع جاره من وضع خشبة. في جداره؛ إشارة إلى التعاون ومراعاة المصلحة المشتركة

- **الهدايا والكلمات الطيبة:** حتى لو كانت الهدية بسيطة كحافر شاة، فإنها تزرع المحبة. الكلمة الطيبة بمثابة صدقة، وهي تقوي الروابط.

الجوار مسؤولية مجتمعية

العلاقات المجتمعية لا تقتصر على الجيران القريبين. تشمل الحي كله وربما المدينة؛ إذ إن المجتمع شبكة من العلاقات المتشابكة. عندما تهتم بجارك فإنك تؤثر في دائرة أوسع. فيما يلي بعض النصائح العملية لتعزيز روابط الجيرة:

- **ابدأ بالتعارف والمبادرة:** لا تنتظر أن يطرق جارك بابك؛ بادر بالتعرف إليه، وعرِّف نفسك. قدم نفسك كإنسان مهتم يشارك المجتمع.

- **شارك في المناسبات والأزمات:** احضر حفلات الزفاف في الحي وشارك في تشييع الجنازات وجودك الفعلي أهم من التعليقات الإلكترونية.

- **قدم المساعدة عند الحاجة:** إذا علمت أن جارك مريض أو يواجه مشكلة مادية أو يحتاج إلى رعاية أطفاله، ساعده بما تستطيع أو دله على من يستطيع.

- **احترم الخصوصية وحدود الآخرين:** كن قريبًا بحب ولكن دون تطفل. حافظ على مسافة آمنة تتيح للآخر الشعور بالأمان والاستقلالية. إذا احتجت إلى مساعدة، اطلبها بلطف، وإذا لم يكن بإمكانه مساعدتك فلا تلُمه؛ ربما لديه التزام آخر.

- **أنشئ شبكات دعم محلية:** يمكن لأهالي الحي إنشاء مجموعات للتواصل في الأزمات أو للتعاون في الأعمال التطوعية مثل تنظيف الشوارع أو مساعدة المحتاجين.

الحفاظ على العلاقات القديمة

تؤكد الدراسات أن العلاقات القديمة: سواء كانوا جيرانًا أو زملاء دراسة أو معارف: يمكن أن تبقى مصادر دفء إنساني.هذه العلاقات لا ترتبط بالضرورة بالمكان؛ قد يبتعد الجار القديم لكن تبقى الذكريات. يمكنك اختيار إحياء هذه العلاقات أو تركها تذبل. من الجميل أن تحيي التواصل برسائل قصيرة أو مكالمة هاتفية؛ فالعلاقات مثل. النباتات تحتاج إلى سقي مستمر.

التوازن بين الأدوار

أخيرًا، لا تنسَ أن دورك كجار هو جزء من مجموعة أدوار تؤديها. إن ازدواجية الأدوار يذكّرنا بأن الإنسان ليس مجرد موظف أو عاشق أو ابن، بل هو كائن اجتماعي متعدد المسؤوليات. عندما توازن بين العبادة والعمل والعلاقات الأسرية والجيرة، تحقق انسجامًا يجعل حياتك أكثر معنى واستقرارًا. فالجار في النهاية هو شريكك في الحياة اليومية، وتقوية هذه الرابطة تقوّي المجتمع بأكمله.

الخاتمة

العلاقات المجتمعية والجيران ليست موضوعًا من الماضي بل ضرورة للحاضر والمستقبل. رغم مغريات العالم الرقمي والراحة التي يوفرها الاعتماد على الخدمات، يبقى احتياج الإنسان للجار الصالح لا غنى عنه. حقوق الجار في الإسلام ليست مجرد نصوص بل منظومة أخلاقية تهدف إلى بناء مجتمعات قوية ومتراحمة. لنستعد إحياء قيمة الجوار بالتعارف والتعاون وحسن المعاملة؛ فمستقبلنا كأفراد ومجتمعات يعتمد على هذه الروابط الصغيرة. التي تشكل نسيج الحياة.

الفصل الحادي عشر :إدارة شبكات العلاقات الكيف قبل الكم:

تعدد العلاقات وضرورة الاختيار

بين البيت والعمل والأصدقاء والمجتمع، تتسع شبكات علاقاتنا بشكل كبير .في حوارنا سأل أحدهم :هل يجب أن نكثر من العلاقات أم نركز على القليل؟ وقارن بين العلاقات المؤقتة :مثل الركاب الذين يجلسون معك في القطار أو العملاء في مكان العمل :وبين العلاقات الدائمة مثل الروابط العائلية والزواج أو الصداقة الحقيقية .أيضًا تحدّث عن العلاقات القديمة؛ تلك التي نشأت منذ الجيرة أو الدراسة، ويمكن إحياؤها أو إخمادها بقرار بسيط :إذا قابلت صديقًا قديمًا ببرود تموت العلاقة، وإذا بادرت بحرارة تعود حية.

إحدى الأفكار المهمة هي أن العلاقات اختيار وليست اضطرارًا .لست مضطرًا لإقامة علاقة جديدة إذا لم يكن لديك الوقت أو القدرة على رعايتها .تذكّر أنك تحمل مسؤوليات أخرى، وأن التزاماتك المحدودة تجعلك مضطرًا لترتيب الأولويات .عندما تجمع بين أدوار متعددة :كابن وأب وزوج وموظف وصديق :يصبح وقتك وطاقتك مقيدين، وبالتالي يجب أن تختار من ستشركه في حياتك بشكل عميق.

حدود قدراتنا :ماذا تقول الأبحاث؟

العلم يؤكد أن للدماغ البشري قدرة محدودة على إدارة عدد معين من العلاقات .يشير رقم دنبار :نسبة إلى عالم الأنثروبولوجيا روبن دنبار :إلى أن الإنسان لا يمكنه الحفاظ على أكثر من 150 علاقة مستقرة؛ أي علاقات يعرف فيها كل شخص الآخرين ويعرف كيفية ارتباط كل شخص بالآخر .استند دنبار إلى العلاقة بين حجم دماغ الرئيسيات وحجم مجموعاتها، واستخلص أن دماغ الإنسان يمكنه التعامل مع حوالي 150 فردًا في شبكة اجتماعية مستدامة .علاقات أكبر من هذا العدد تحتاج إلى قوانين وتنظيمات لتبقى مستقرة.

هذا الرقم ليس مقدسًا؛ هناك دوائر داخلية أصغر تمثل مستويات متدرجة من القرب. تشير بعض الدراسات إلى أن لدينا دائمًا نواة داخلية تتكون من حوالي خمسة أشخاص (العائلة أو الأصدقاء الحميمين) نتشارك معهم الدعم العاطفي اليومي. وتوجد دائرة أوسع قليلاً من أصدقاء مقربين قد يصل عددهم إلى 12 شخصًا، ثم دائرة أوسع تصل إلى 50 شخصًا، ثم الدائرة العامة التي تمثل حدود دنبار حول 150 شخصًا. كلما اتسعت الدائرة قلّ الوقت الذي يمكن تخصيصه لكل فرد، مما يؤدي إلى علاقات سطحية. يفسر ذلك شعورنا بالإرهاق عندما نحاول التفاعل مع عشرات الأشخاص يوميًا؛ الدماغ لا يستطيع تخصيص وقت وجودة الانتباه لهذه الأعداد الكبيرة.

جودة العلاقات أهم من عددها

وفقًا لهذا الفهم، يصبح السؤال :كم علاقة حقيقية يمكن أن نديرها دون أن نفقد قيمتها؟ الإجابة تعتمد على مبدأ النوعية قبل الكمية:

- **ركّز على دوائر الدعم:** اهتم بالدائرة الصغيرة من الأشخاص الذين تعتمد عليهم ويعتمدون عليك .هؤلاء يستحقون معظم وقتك وجهدك، فهم يشكلون شبكة الأمان النفسي.
- **أعد تقييم العلاقات القديمة:** ليس كل علاقة قديمة يجب أن تستمر؛ اختر العلاقات التي تجعلك شخصًا أفضل وتدعوك إلى الخير، وتخلّص من العلاقات التي تستهلكك أو تشعرك بالذنب بلا .فائدة
- **،حدد علاقاتك المؤقتة بوضوح:** كثير من العلاقات في حياتنا مؤقتة :زميل في مشروع معارف في رحلة :تبادل الاحترام واللباقة أمر مطلوب، لكن ليس من الضروري تحويل كل اتصال إلى .علاقة دائمة .هذا يمنحك الحرية في الحفاظ على طاقتك لمن يستحق
- **راجع وقتك وطاقتك:** لديك 24 ساعة في اليوم .كلما زاد عدد الأشخاص الذين تحاول إرضاءهم، قلّ الوقت الذي يمكنك تقديمه لنفسك ولأهم الأشخاص في حياتك .تذكر أن العطاء بلا حدود قد يحرمك من جودة العطاء لمن تحب.

كيف نختار ونغذّي علاقاتنا؟

إدارة العلاقات ليست مهمة سهلة، لكنها ضرورة للحفاظ على التوازن النفسي والاجتماعي .إليك بعض الإرشادات العملية:

1. **ضع قائمة بالأولويات:** صنف علاقاتك إلى دائمة ومؤقتة، حميمة وسطحية .حدّد من يحتاج إلى .وقت أطول ومن يمكنك التواصل معه بشكل أقل تكرارًا دون أن تتأثر جودة العلاقة
2. **،تواصل بصدق:** في الدائرة الصغيرة، لا يكفي أن تكون حاضرًا؛ بل عليك أن تكون صادقًا تصغي .وتدعم .أما في الدوائر الأوسع، فالتواصل العابر المهذب يكفي للحفاظ على الود
3. **.تعلم قول)لا(:** قد يُطلب منك الانضمام إلى أنشطة أو صداقات جديدة وأنت غير مستعد لها تعلّم أن تعتذر بطريقة لطيفة إذا لم تستطع الالتزام، حتى لا ترهق نفسك بوعود لا تستطيع الوفاء بها.
4. **استثمر في العلاقات المتبادلة:** العلاقات القائمة على العطاء المتبادل تُزهر .إذا كنت تجد نفسك .دائمًا في موقع المساعد بينما الطرف الآخر لا يقدم شيئًا، فربما آن الأوان لإعادة تقييم العلاقة
5. **احتفظ بمساحة لعلاقات جديدة:** رغم حدود الدماغ فإن الحياة تتغير .قد تلتقي بأشخاص يمنحون حياتك معنى جديدًا .لذلك لا تغلق الباب تمامًا؛ فقط احرص على ألا يكون ذلك على حساب من تحبهم فعلًا.

الخلاصة

إن إدارة العلاقات فن يتطلب وعيًا بذاتك وقدرتك المحدودة. ليست العبرة بعدد الأصدقاء أو المتابعين على منصات التواصل الاجتماعي، بل بعمق الروابط التي تبنيها. الدراسات العلمية مثل نظرية دنبار تؤكد أن الإنسان لا يستطيع الاحتفاظ إلا بعدد محدود من العلاقات المستقرة، مما يعني أن علينا أن نختار بحكمة التوازن بين العلاقات المؤقتة والدائمة، وبين العمل والأسرة والأصدقاء، يساعدنا على عيش حياة متوازنة وأكثر رضا. حين نولي الأولوية لأهم الروابط في حياتنا ونحافظ على طاقتنا لها، نمنح أنفسنا فرصة للازدهار ونمنح الآخرين علاقة تستحق أن تسمى (إنسانية).

الفصل الثاني عشر :التعلُّق والعلاقات السامة

مقدمة

العلاقات العاطفية تمنحنا شعورًا بالسعادة والانتماء، لكن قد تتحول إلى عبء عندما تتجاوز حدود الحب الصحي إلى التعلّق المَرَضي أو العشق .في إحدى المحاضرات قال الدكتور ياسر إن «**الحب عذب لكن العشق عذاب**»، وإن العلاقة التي تتحول إلى تعلق تنتهي بسرعة؛ فكلما اشتدت العلاقة قصرت مدتها .كما أشار إلى أن من لا يملك أعداء ربما لا يملك مبادئ؛ فلا يمكن أن ترضي الجميع، ولكن لا تزرع العداوات عمدًا لأن كثرة الأعداء تضيق مساحة .حياتك :لن تجد بقالة أو ناديًا أو مسجدًا تشعر فيه بالراحة.

هذا الفصل يستكشف الفرق بين الحب والتعلق، ويدرس المؤشرات التي تدل على أن العلاقة أصبحت سامة .ويطرح طرقًا لتحرير النفس من هذه القيود وبناء علاقات سليمة

لا تخشَ الخصومة ولكن احذر الحقد

يقول أحد الحكماء إن الإنسان الذي ليس له أعداء إنسان بلا مبادئ؛ السعي لإرضاء الجميع يعني التخلي .عن قيمكومع ذلك، فإن خلق العداوات ليس هدفًا في حد ذاته؛ كلما كثرت خصوماتك ضاقت دائرة حركتك تحدث الدكتور ياسر عن «**سجان يعيش مع المساجين**» ليصف من يقضي حياته في السجن مع سجناءه بسبب الكراهية ..والأخطر من ذلك، أن الحقد كالسُمّ؛ إذا أخرجته قتل الآخر، وإذا أبقيته قتلك أنت

لذلك، كن صريحًا في الدفاع عن قناعاتك، لكن احرص على ألا تحول اختلاف الرأي إلى خصومة دائمة .إذا تعرّضت للأذى، حاول التسامح، فإن احتضان الغضب يضر بصحتك النفسية ويقيد حريتك .ذكرنا في فصل سابق أن .التسامح يحسن الصحة النفسية ويُقلّل التوتر

الحب مقابل التعلق

الحب الصحي يقوم على العطاء وإسعاد الطرف الآخر دون انتظار مقابل؛ إنه علاقة متبادلة تكافئ فيها مشاعر الاهتمام والثقة .أما التعلّق فيكون الدافع فيه تلبية الاحتياجات العاطفية الخاصة والشعور بالأمان من خلال السيطرة على الآخر .مقال في موقع الطبي يوضّح أن الاعتماد الكلي على الشريك لتلبية الاحتياجات العاطفية .والتعلق الشديد به يؤدي إلى فقدان تقدير الذات والاستقلالية، ويحوّل العلاقة إلى علاقة سامة

موقع آخر يوضح الفروق بين الحب والتعلق :فالحب يجلب الفرح والرضا، بينما التعلّق يرافقه شعور دائم بالحزن والاختناق عند غياب المحبوب .العلاقات المبنية على الحب تحتاج جهدًا أقل للاستمرار مقارنة بالعلاقات المبنية على التعلق، إذ تتطلب الثانية جهدًا كبيرًا لإصلاح ما تفسده الغيرة والقلق .في الحب يتمنى الشخص السعادة .للطرف الآخر حتى وإن كان بعيدًا، بينما يتسم التعلق بالأنانية والسيطرة

مؤشرات التعلق غير الصحي

أشار المتحدث إلى ثلاث علامات تدل على التعلق :التفكير الدائم في الشخص عند غيابه، والتركيز المفرط عليه عند حضوره، والرغبة في امتلاكه ومنعه من التواصل مع الآخرين .هذه العلامات تتوافق مع ما يذكره علماء النفس؛ فالاعتماد على الشريك في تقدير الذات والشعور بالفراغ والقلق عند انشغاله وعدم القدرة على العيش دونه من دلائل التعلُّق المرضي .إضافة إلى ذلك، تتضمن علامات التعلق المرضي كما يذكر موقع العهد نيوز محاولة .السيطرة على الطرف الآخر، والهوس بالتفكير به، والانجذاب المبالغ فيه، وانخفاض الثقة بالنفس

،العلاقات القائمة على التعلق تتميز بعدم التوازن؛ شخص يبالغ في الاهتمام بينما الآخر يقلل أو العكس ويُبذل جهدٌ كبير للحفاظ على العلاقة، ويدخل الشخص علاقة جديدة هربًا من الوحدة لا حبًا .كما يوضح مقال الطبي أن .التعلق غير الصحي يجعل الشخص يُغير اهتماماته وسلوكياته لتوافق شريكه ويتجاهل رغباته الخاصة

مرض التعلق: القرية الخيالية

يصف الدكتور ياسر قرية التعلق الذهنية بأربعة أماكن :منصة يمدح فيها الشخص معشوقه ويعظمه أمام الناس،ومذبح يقدِّم عليه قرابين رضاه، ومستشفى يشتكي فيه من عذاب العشق، وبرج يراقبه منه ويتجسس .على تحركاته .هذا التخيل يعبر عن الحالة المرضية التي يعيشها المتعلق؛ كل حياته تدور حول شخص واحد علماء النفس يسمون هذا «إدمان الحب »أو «التعلق المرضي» ويعتبرونه نوعًا من الإدمان السلوكي يتسم بالهوس وعدم السيطرة .ينشأ هذا الاضطراب عندما تتجاوز سلوكيات التعلق حدود المسؤوليات والالتزامات الأخرى، فيُهمَل .العمل أو الدراسة أو الأسرة لصالح العلاقة

أنواع التعلق ونتائجه

يذكر الدكتور ياسر أن هناك نوعين من التعلق :تعلق متبادل، وتعلق من طرف واحد، حيث يسقط من يعلَق إذا ابتعد الطرف الآخر .التعلق المتبادل قد ينتهي بأن يتحول إلى صداقة إذا اتفق الطرفان على التوازن، أما التعلق من طرف واحد فلا يعود إلى صداقة، بل يتحول إلى عداوة لأن المتعلق يرى أن الآخر تسبب في سقوطه .ويشبه المتحدث الشخص المتعلق بالثور الهائج الذي يركض وراء اللون الأحمر ويهدم كل شيء في طريقه؛ فهو يضحي بعائلته .وأصدقائه ووظيفته للوصول إلى معشوقه، فإذا وصل وجد الضحايا حوله

تفكيك التعلق المرضي

التخلص من التعلق لا يتم بين ليلة وضحاها، بل هو عملية تحتاج إلى وعي وشجاعة .توصي المصادر النفسية ببعض الخطوات

1. **التأمل في طبيعة العلاقة:** اطرح على نفسك أسئلة صادقة حول مدى قدرتك على تلبية

احتياجاتك العاطفية بنفســك، وما إذا كان ارتباطك مبنيًا على الحب أو الخوف من الوحدة .التعرف على دوافعك يساعدك على اتخاذ قرار واعٍ بالاستمرار أو التوقف.

2. **الحصـول على دعم اجتماعي:** مشـاركة أفكارك مع الأهل والأصـدقاء والاسـتماع إلى آرائهم حول .العلاقة يساعد على رؤية الأمور بوضوح ويخفف من الخوف من الوحدة

3. **ا ستعادة الهوية الشخصية :**خصص وقتًا لاكتشاف نفسك، ممارسة هوايات تحبها، وتعزيز علاقاتك مع العائلة والأصدقاء .تغييرات بسيطة مثل زيارة أماكن جديدة أو إعادة ترتيب المنزل تساعد على كسر الروتين.

4. **التوازن بين الأدوار:** الشخص العاشق يختزل كل أدواره في دور واحد، بينما الإنسان السليم يوازن بين أدواره كعبد لله، ابن، أب، صديق، جار، موظف .هذا التوازن يحمي من التعلق المرضي ويمنح الشخص هوية مستقلة.

5. **طلب المساعدة المتخصصة:** إذا شعرت بأنك غير قادر على التحرر من التعلق بمفردك، فقد يكون العلاج النفســي أو الانضــمام إلى مجموعات الدعم خيارًا مفيدًا .يقدم العلاج بيئة آمنة للتعبير عن .المشاعر وتعزيز الثقة بالنفس والتعرف على حدود العلاقات الصحية

العلاقة الرومانسية دون الوقوع في التعلق

تناول الدكتور ياسـر في حواره موضـوع العلاقات بين الجنسـين في بيئات العمل والجامعة .أوضـح أن الفرق بين الاتصـال والعلاقة هو التكرار والتنوع؛ الاتصـال قد يكون لمرة واحدة كمعاملة زبون، بينما العلاقة تتكرر وتتنقل بين سـياقات مختلفة .إذا كانت نيتك الزواج فلا بأس من التعرف على الطرف الآخر، لكن لا تبالغ في التقارب ولا تجر الطرف الآخر إلى توقعات خاطئة .لا يجب عليك أن تشـرب البرميل كله لتعرف نوعه؛ .رائحة المانجا تكفي لتمييزها عن البرتقال

نصح الدكتور ياسر بما يلي

- **احترام مسـار الزواج الشـرعي:** إن كنت معجبًا بزميلة عمل، فتقدَّم إليها بطريقة رسـمية، أو ابحث عن طريق مأمون للتعرف عليها بوسـاطة أهلها .تجنب إقامة علاقة عاطفية مبهمة تضـرك وتضرها وتؤثر سلبًا على العمل.
- **إدارة الانطباعات الأولى:** الانطباع الأول يحدد ثلاثة خيارات :التسـطُّح)السـلام الرسـمي فقط(، أو القطع، أو الاسـتمرار .إذا شـعرت بالميل والانجذاب، يمكنك اختيار السـير إلى مرحلة التعرف أو .إيقاف العلاقة قبل أن تتعمق
- ،**طرح أسئلة جوهرية:** في مرحلة التعرف يجب أن تسأل عن القيم الدينية، وتحمل المسؤولية والتعامل مع المال والغضـب، وليس عن أمور سـطحية كالألوان والأطعمة .هذه الأسـئلة تسـاعد على نزع الأقنعة ومعرفة حقيقة الشخص، وتجنب المفاجآت.
- **الصبر على الاختلاف:** الزواج أشبه بنهرين يلتقيان؛ يحدث صدام في البداية، لكن بالاستمرار والصـبر ينسـاب النهر ويكوّن مجرى جديدًا .هناك مسـامير للعلاقة :مثل الأبناء والمشـاريع

المشتركة :تجعل الطرفين يصبران ويستمران.

الخاتمة

العلاقات العاطفية أحد أهم جوانب الحياة، لكنها قد تتحول إلى سجن إذا انقلب الحب إلى تعلق مرضي فهم الفرق بين الحب والتعلق، والاعتراف بعلامات التعلق غير الصحي، والعمل على تعزيز الهوية الشخصية والتوازن بين الأدوار، كلها خطوات مهمة نحو بناء علاقات صحية .كما أن تقبُّل وجود بعض الخصومات دون تضخيمها يحررنا من هاجس إرضاء الجميع ويمنحنا القوة لنعيش بصدق مع أنفسنا ومع الآخرين .لنكن على وعي بأن العلاقات الحقيقية تقوم على الاحترام المتبادل والعطاء المتوازن، لا على السيطرة أو التضحية بالنفس، وبذلك .نستمتع بالحب دون أن نموت في جحيم العشق

الفصل الثالث عشر :إصلاح العلاقات المريضة وفن معرفة دورك الاجتماعي

مقدمة

في بعض الأحيان تتعرض علاقاتنا للاهتزاز فتتحول إلى علاقة مريضــة أو حتى مميتة .المتحدث في ،الحوار أ شار إلى أن التعامل مع العلاقات ليس أبيض أو أ سود؛ فهناك علاقات يمكن إ صلاحها بالعلاج والصبر وأخرى لابد من إنهائها حفاظًا على النفس .هذا الفصــل يسـتعرض كيفية تشـخيص العلاقة المريضــة وتقديم فيتامينات" للعلاج، ويناقش مسـتويات التعامل المختلفة مع الآخرين، ثم يوضـح متى يصـبح قطع العلاقة" ضرورة، وأخيرًا يتناول .مفهوم الرقم الاجتماعي وضرورة معرفة موقعك في كل سياق اجتماعي

فيتامينات العلاقات :كيف تُعالج العلاقة المريضة؟

عندما تصاب العلاقة بمرض :كغياب المسؤولية أو ضعف التواصل أو كثرة الأخطاء :لا يعني ذلك أن نهايتها حتمية تقول الدراســات أن هناك فيتامينات يمكن أن تعيد العافية للعلاقة .أول هذه الفيتامينات هو تحمل .المسؤولية :أن تدرك أنك جزء من المشكلة وجزء من الحل، وأن تتوقع رحلة علاج طويلة وليس تغييرًا لحظيًا عليك أن تصبر .ثلاث مرات أو أكثر، فقد يتكرر الأذى قبل أن يتحسن الوضع

إلى جانب المســؤولية، هناك التعاون والمبادرة؛ لا تنتظر حتى يطلب منك الطرف الآخر العون، بل بادر بالخير وخذ خطوة إلى الأمام .وذكر المتحدث رفع الملامة كفيتامين آخر :الصبر على العتاب والانتقاد دون أن تجعل ذلك يثنيك عن بذل الجهد .كذلك، فإن التناصـح بإخلاص والتسـامح تعدّ عناصـر أسـاسـية؛ فهي تسـمح بتصـحيح الأخطاء دون تدمير العلاقة .قبل أن تقرر علاج العلاقة، اسـأل نفسـك :هل هذه العلاقة دائمة)مثل الزواج أو القرابة(وبالتالي تسـتحق الصـبر؟ هل أنت سـبب المرض وتحتاج إلى إصـلاح ذاتك؟ أم أن العلاقة عابرة مع زميل عمل يمكن الحد من .تفاعلك معه؟ هذه الأسـئلة تحدد ما إذا كنت سـتسـتثمر في العلاج أم ستكتفي بقدر من اللباقة الرسمية

مستويات التعامل مع الآخرين

لا توجد طريقة واحدة للتعامل مع الآخرين، بل مستويات متعددة تعتمد على نوع العلاقة ودرجة المرض ذكر المتحدث خمسة مستويات:

1. **التعامل بالحد الأدنى:** أن ترد الإحسـان بالإحسـان دون زيادة .هذا مناسـب في العلاقات الضعيفة .أو المؤقتة
2. **التعامل بالمثل:** أن تحسـن لمن يحسـن إليك وتسـيء إلى من يسـيء إليك بنفس القدر :وهو

مستوى متوسط لكنه لا يرقى إلى الأخلاق العالية.

3. **التعامل بالفضل:** أن تحسن إلى من أساء إليك .هذا المستوى يرفع من رصيد العلاقة ويعطي الطرف الآخر فرصة للتراجع

4. **التعامل وفق القاعدة الذهبية:** أن تعامل الآخرين كما تحب أن يعاملوك .فهذا يعزز التعاطف ويجعل الحوار أكثر إنسانية.

5. **التعامل كما يعاملنا الله:** أي التسامح والعفو والإحسان حتى مع المسيئين؛ فالإنسان يريد من ربه المغفرة والعطاء، فعليه أن يتعامل مع الناس بهذه الروح .هذا المستوى الأعلى يحقق نتائج مذهلة؛ .إذ يشعر الطرف الآخر بالخجل ويتعلم من حسن خلقك.

اختيار المستوى المناسب يعتمد على طبيعة العلاقة ومدى قدرتك على التحمل .في العلاقات الدائمة،يفضّل الانتقال إلى مستويات الفضل أو القاعدة الذهبية للحفاظ على اللُحمة .أما في العلاقات العابرة فقد يكون التعامل .بالحد الأدنى

متى نقطع العلاقة المميتة؟

هناك علاقات تشبه الأمراض الخبيثة؛ مهما حاولت علاجها تبقى مؤذية وتستنزف طاقتك .يوصي الخبراء بقطع هذه العلاقات نهائيًا عندما تصبح مؤذية جسديًا أو نفسيًا .موقع موضوع، في مقال حول كيفية الخروج من العلاقات السامة، يصف البقاء في علاقة سامة بأنه شعور بالحصار؛ ومع ذلك يستحق الفرد أن يكون سعيدًا ويتحرر من الأذى، رغم أن اتخاذ قرار المغادرة خطوة شجاعة وصعبة .ينصح المقال بوضع خطة أمان قبل ترك العلاقة :التفكير في مكان الإقامة بعد الانفصال، والاستقلال المادي، واستعادة الدراسة أو العمل.

بعد ذلك يجب طلب المساعدة من الأصدقاء والعائلة أو المختصين، فالتغيير عملية طويلة وقد يعود الشخص إلى العلاقة بدافع الألفة؛ لذا يحتاج إلى دعم متواصل .يوصي المقال أيضًا بالتعبير عن مشاعرك بصورة واضحة، كتابةً .أو شفهيًا، مع تجنب توجيه اللوم حتى لا تزيد التوتر

أما أهم خطوة فهي قطع الاتصال بالطرف السام :فالأشخاص السامين يجيدون التلاعب بالمشاعر وإعادة الضحية إلى العلاقة عن طريق إثارة الشعور بالذنب؛ إذا كان هناك أطفال، فيجب حصر التواصل في ما يخص شؤونهم فقط .ويؤكد المقال ضرورة التمسك بالقرار بعد المغادرة؛ لأن العقل يميل إلى تذكّر اللحظات الجميلة وتجاهل الأوقات السيئة، مما يجعل العودة مغرية، لكن الالتزام بالقرار أساس لتحسين الحياة.

يتفق الدكتور ياسر حزيمي مع هذه الخطوات ويضيف نصيحة مهمة :العلاقات هي ذكريات وعادات .لكي تتعافى، عليك التخلص من كل ما ينعش الذكريات :الهدايا، الأماكن، الأغاني، العطور :لأن كل عنصر يمكن أن يعيدك إلى العلاقة ويجعلك تضعف .ويشبّه العلاقات بالظل :إذا تبعتها هربت، وإذا أدبرت عنها لحقتك؛ لذا عليك أن تكون .صارمًا وأن تتحمل رغبة الطرف الآخر في العودة دون أن تستجيب، حتى تشفى تمامًا

الرقم الاجتماعي :معرفة موقعك في كل سياق

إحدى الأفكار العميقة التي طرحها الدكتور ياسـر هي مفهوم الرقم الاجتماعي .لكل إنسـان رتبة تختلف حسـب المكان والزمان؛ فقد تكون رقمًا واحدًا في مجال عملك، لكنك في بيتك لسـت بالضـرورة كذلك .على سبيل المثال، الأستاذ الجامعي الذي ينال الاحترام في قاعة المحا ضرات عليه أن يقبل أن يكون رقم ثلاثة أو أربعة في منزله .وفق ترتيب الأخوة .إن عدم الوعي بهذا التفاوت يخلق شـعورًا زائفًا بالعظمة ويؤدي إلى احتكاكات

يـشرح الدكتور يا سر أن الرقم الاجتماعي يرتبط بنوع السلطة التي تمتلكها:

- **السـلطة الدينية:** كأن يكون الشـخص حافظًا للقرآن أو إمامًا، فيُقدَّم في الصـلاة ويتصـدر المجالس .الدينية
- **السـلطة العلمية أو المهنية :**مثل الطبيب أو الأكاديمي الذي يملك خبرة علمية؛ في العمل يكون .رقم واحد لأن الجميع يحتاج إلى علمه، ولكن في بيته قد يكون أقل رتبة
- **السلطة الاجتماعية:** ترتبط بالمال أو الشـهرة أو السـن؛ قد يُقدَّم الشـخص لثرائه أو لمكانته الاجتماعية، لكن هذه السلطة زائلة إذا ظهرت سلطة أقوى.
- **السلطة الإنسانية:** عندما يكون أحدهم مريضًا أو يمر بأزمة، نمنحه الأولوية ونراعي مشاعره حتى لو لم يكن ذا سلطة في الأحوال العادية.
- **السلطة المهارية:** يمتلكها من لديه مهارات يحتاجها الآخرون، كالنجار أو الميكانيكي؛ في هذا السياق يصبح رقم واحد لأن معرفته تحل مشكلات الآخرين.
- **السلطة الأخلاقية:** وهي الأعلى والأبقى؛ يصف المتحدث النبي ﷺ بأنه ابن امرأة كانت تأكل القديد في مكة ليؤكد أن الأخلاق هي التي تحفظ للإنسان مقامه الحقيقي، حتى لو لم يكن غنيًا أو مشهورًا .فالخلق الحسن والتواضع يجعلان الناس يذكرونك بالخير حتى بعد غيابك.

،فهم الرقم الاجتماعي يساعدك على التصرف بذكاء :لا تجلس في صدر المجلس إذا لم تكن صاحب المقام ولا تتوقع معاملة مميزة في كل مكان .كن مدركًا لدورك، واجلس حيث لا يحرجك الآخرون بإزاحتك .هذا الوعي يمنحك مرونة وراحة نفسية؛ فلا تصاب بالغرور في مكان ولا تشعر بالنقص في مكان آخر .كما يساعدك على .احترام الآخرين، خصوصًا من هم رقم واحد في سياقاتهم، وتقدير جهودهم مهما بدت بسيطة

الخلاصة

العلاقات الإنسانية ليست ثابتة؛ بعضها يمرض لكنه قابل للعلاج إذا وفّرنا له فيتامينات المسؤولية والتعاون والمبادرة والصبر، واخترنا مستويات التعامل التي تليق بظروفه. وقد تكون العلاقة مميتة تستنزفنا فيصبح قطعها ضرورة لحماية النفس، كما يشير خبراء العلاقات الذين ينصحون بوضع خطة أمان وطلب الدعم وقطع الاتصال والتمسك بالقرار. وفي كل الأحوال، فإن وعي الإنسان بدوره الاجتماعي ومعرفة رقمه في كل سياق يساعده على التعامل بحكمة مع الآخرين، فلا يظلم نفسه ولا يظلمهم. الخلق الحسن والتواضع أي السلطة الأخلاقية: يبقى أساسًا لكل علاقة ناجحة، وهو مفتاح المكانة الحقيقية التي لا تُهزم بزوال المال أو الشهرة

الفصل الرابع عشر: السمعة والتأثير الاجتماعي

مقدمة

تُعد السمعة انعكاسًا لجملة أفعالنا وتفاعلاتنا عبر الزمن، فهي أقرب إلى رصيد غير مرئي يتراكم من خلال تعاملاتنا اليومية. ما يقوله الناس عنك وكيف يراك الآخرون ليس مجرد صدى لموقف واحد أو كلام عابر، بل هو حصيلة متواصلة من السلوكيات والأخلاق والالتزام. وعلى الرغم من أن السمعة تبدو شيئًا خارجيًا، فإن جذورها تمتد إلى الداخل؛ إلى نظرتك لنفسك وإلى مدى صدقك في التعامل مع الآخرين

بناء السمعة عبر الأمانة والصدق

ينبه الدكتور يا سر الحزيمي إلى أن الكثير من معاناة الناس تأتي من العلاقات نفسها، ويشير إلى أن الفرد يجب أن ينظر إلى ذاته كسلعة ذات قيمة يجب حسن تسويقها دون خداع. فـــ«الذات بضاعة» ، وقد يروج الإنسان لبضاعة رديئة بصورة جذابة أو يخفي بضاعة جيدة فيخسر احترام الآخرين. الأشخاص ينظرون إليك بالطريقة التي تنظر بها إلى نفسك؛ فمن عزز قدرته وثقته بنفسه رآه الناس واثقًا، ومن احتقر ذاته سرعان ما يحط الآخرون من شأنه ..ولذلك فإن أول خطوة لبناء سمعة طيبة هي أن تكون صادقًا مع نفسك وتظهر ما أنت عليه حقًا، لا أكثر ولا أقل

إن بناء السمعة يحتاج إلى انسجام بين الداخل والخارج؛ ألا يكون هناك تناقض بين ما تؤمن به وما تظهره يذهب الحزيمي إلى أن العلاقة مع الذات هي ألا يكون ما أنت عليه بعيدًا عما تظهره. وكلما اقتربت صورتك الداخلية من الخارجية، قل الخجل واختفى الشعور بالزيف، وزادت الثقة المتبادلة بينك وبين من تتعامل معهم. إلى جانب ذلك، فإن تلبية حاجات الآخرين تشكل **صمغ العلاقات**؛ فمن يلبي حاجات أصدقائه وأقاربه يحافظ على روابطه قوية ..حتى العلاقة مع الله تقوم على حاجتنا له، ومع ذلك فإن الصدق فيها يمنحنا طمأنينة تضيء حياتنا

السمعة في العصر الرقمي

لم تعد السمعة تُصنع فقط في المجالس والعمل والأسواق، بل أصبحت تتشكل بشكل كبير عبر حضورنا الرقمي. فكل منشور أو تعليق أو صورة نشاركها يترك بصمة رقمية يمكن للآخرين الوصول إليها، ويؤثر على كيفية نظر الناس إلينا. يشير تقرير عن إدارة السمعة عبر الإنترنت إلى أن ما يُنشر على الشبكات الاجتماعية يمكن أن ينتشر بسرعة كبيرة، وقد يتسبب في ضرر لا يمكن إصلاحه للسمعة الشخصية أو المهنية. وفي الواقع، قد يبحث عنك أصحاب العمل والعملاء وحتى الأصدقاء المحتملون عبر محركات البحث قبل التعرف عليك، فإذا وجدوا محتوى سلبيًا أو غير مناسب، فإن ذلك قد يؤثر على فرصك في العمل والعلاقات. لذلك أصبحت مراقبة ما نقوله ونفعله على الإنترنت من أساسيات الحفاظ على سمعة طيبة

لبناء سمعة رقمية إيجابية، ينصح الخبراء بأن تكون استباقيًا :شجع من يتعاملون معك على ترك تعليقات إيجابية، واستجب بسرعة وبمهنية لأي تعليقات سلبية، وراقب باستمرار ما يُقال عنك كي تتدارك أي مشكلة قبل أن تتضخم .وفي الوقت نفسه، احرص على أن تعكس صورتك الرقمية قيمك الحقيقية، ولا تنجرف خلف ثقافة المظاهر أو .الإثارة السريعة التي قد تضع سمعتك على المحك

تصحيح السمعة وإدارتها

السمعة، كأي رصيد، قد تتعرض للخسارة بسبب خطأ أو موقف غير محسوب .وهنا تظهر أهمية إدارة السمعة بوعي؛ فإذا أخطأت، فأقر بخطئك واعمل على إصلاحه .لا تكابر ولا تحاول إخفاءه؛ فالناس يحترمون من يعترف بأخطائه أكثر من الذي يتهرب منها .بعد ذلك، واصل بناء سمعتك من خلال سلوكيات إيجابية متكررة؛ فالأفعال .الإيجابية الصغيرة المتكررة أهم من عمل بطولي واحد

من زاوية أخرى، قد تأتي الإساءة إلى السمعة من الآخرين عبر الشائعات أو التصنيف غير العادل .المخرج في مثل هذه الحالات أن تعرف قيمتك الحقيقية وألا تسمح للآخرين بتضخيم حجمهم أو تحقير ذاتك .إذا صادفت أشخاصًا يسيئون إليك أو يقللون من قيمتك، فلا تقاطعهم تمامًا ولكن غيّر رتبتهم في حياتك؛ كما يقول الحزيمي :.«**أنا لا أخاصم أحدًا، ولكن أغير رتبته عندي**» بهذا تظل محتفظًا بأخلاقك دون أن تمنح المسيء القدرة على التأثير .العميق على سمعتك.

تأثير السمعة على العلاقات

السمعة الطيبة تفتح الأبواب؛ فهي تمنحك الثقة والقبول وتسهّل بناء علاقات جديدة .في المقابل، السمعة السيئة تجعلك تبدأ من نقطة متأخرة في كل علاقة جديدة، وتفرض عليك جهدًا مضاعفًا لتصحيح الصورة. تذكّر أن الآخرين لا يرون سوى انعكاسك؛ لذا احرص على أن يكون هذا الانعكاس صادقًا ومتزنًا .واحرص على أن تكون علاقاتك مبنية على العدالة والاحترام المتبادل، فالعلاقات العادلة تدوم بينما العلاقات التي تقوم على الخداع أو .تحقير الآخر تنهار سريعًا

خاتمة

إن السمعة ليست هدفًا في ذاتها، بل نتيجة حتمية لأخلاقك وأفعالك .لا تلهث وراء السمعة وتحول حياتك إلى عرض مسرحي، بل ركز على بناء نفسك وتحسين علاقاتك مع الله ومع الذات ومع الآخرين .حين تكون صادقًا مع نفسك، وتفي بوعودك، وتعتذر إذا أخطأت، ستكون سمعتك الطيبة ثمرة طبيعية لهذه السلوكيات. وفي العصر الرقمي، يصبح من واجبك أن تدير حضورك الإلكتروني بعناية وأن تدرك أن كل تفاعل يترك أثرًا طويلًا بهذا تصنع .أثرًا اجتماعيًا إيجابيًا يدوم، وتكون قدوة في مجتمع يحتاج إلى نماذج صادقة ومتوازنة

الفصل الخامس عشر :فن الإقناع والتأثير في الآخرين

مقدمة

الإقناع ليس مجرد موهبة خطابية أو حيلة لغوية، بل هو فن يتطلب فهمًا عميقًا للطرف الآخر واحترامًا لوعيه وكرامته .نحن نتواصل مع الآخرين بصورة مستمرة؛ نحاول إقناع أبنائنا بعمل الصواب، وشريك حياتنا بفكرة جديدة، وزملاءنا بأهمية مشروع ما، وحتى أنفسنا باتخاذ خطوة مهمة .فإذا كان الإقناع غاية للسيطرة أو فرض الإرادة، فإنه يتحول إلى نوع من التلاعب ويزرع بذور الفشل وعدم الثقة .أما إذا كان غايته بناء جسور التفاهم .وتحقيق المنافع المشتركة، فإنه يصبح أحد أهم أدوات النجاح في العلاقات.

مفهوم الإقناع وأهميته

يُعرِّف موقع »موضوع «الإقناع بأنه قدرة الفرد على تغيير تفكير الآخرين بما يريد عبر وسائل مقنعة ومؤثرة،وأن نجاح الإنسان في حياته الشخصية والعملية يرتبط بقدرته على إتقان هذه المهارة .يشير المقال إلى أن الناس يتلقون رسائل الإقناع بطريقتين :فهناك من ينصت بعناية ويزن الحجج ويطرح الأسئلة قبل أن يقتنع أو يرفض، وهناك من يستمع بلا وعي فيحكم على الموقف بناءً على الأهواء والغرائز .في عصر تتغير فيه طرائق .التواصل، لم تعد المناورات والدهاء أساليب فعالة؛ بل أصبحت المصداقية والوضوح أساسًا لكسب القلوب والعقول

قواعد الإقناع الأخلاقي

الإقناع الناجح يعتمد على مجموعة من المبادئ والأخلاق التي تجعل رسالتك مقبولة ومؤثرة:

1. .**المصداقية والصدق:** يبدأ الإقناع بالثقة؛ فعليك أن تثبت صحة ما تقول وأن تكون واقعيًا الكلام الصادق والمبني على حقائق يجعل الآخرين أكثر استعدادًا للإنصات لك .إذا شعر المتلقي أنك .تسعى إلى مصلحة شخصية أو منفعة خفية، فلن يثق بك مهما كانت كلماتك جذابة
2. **تقديم الأدلة:** عندما تتناول موضوعًا مثيرًا للجدل أو يحتاج إلى إثبات، كن مستعدًا لتقديم أدلة .قوية ومعلومات موثوقة .البرهان يعزز منطقيتك ويجعل حجتك أكثر إقناعًا
3. **الثقة بالنفس:** الإيمان بقدراتك وبقيمة ما تقدمه ينعكس على طريقة تقديمك لفكرتك .إذا كنت تفتقر إلى الثقة بالنفس فستجد صعوبة في التأثير على الآخرين .اقبل النقد ولا تدع المحبطين .يقللون من إمكانياتك؛ فالتقدير الصحي للذات يُعد عنصرًا رئيسيًا في التأثير
4. .**مواجهة الخوف:** يتولد الكثير من الخوف من مواجهة الجمهور أو من ردود فعل الآخرين

.لكن المقال يشـير إلى أن هذه المخاوف مكتسـبة ويمكن التحرر منها عبر المواجهة والتكرار التدرّب .على الحديث أمام الناس مرارًا يساعدك على تجاوز التوتر ويعطيك حضورًا مقنعًا

5. .**معرفة الذات والهدف:** من المهم أن تعرف ما الذي تريد تحقيقه وما هي قيمك الأسـاسـية اكتشـاف الذات وتحديد الأهداف يمنحك وضـوحًا في رؤيتك ويجعل خطابك أكثر انسـجامًا وإقناعًا.
6. **التوكل على الله والأخلاق الحسـنة:** إن التوكل على الله وحسـن الظن به من عوامل نجاح الإقناع .بالإضـافة إلى .ذلك، فإن السـلوك الحسـن والأناقة واحترام القيم الدينية والاجتماعية يجذب الآخرين .إليك.

الاستماع الفعال والانطباع الأول

ليست الكلمات وحدها ما يحدد مدى تأثيرك؛ فالاستماع الفعّال ولغة الجسد يلعبان دورًا كبيرًا في الإقناع عندما تطرح سؤالًا وتلتزم الصمت وتحتفظ بالتواصل البصري، فإنك تدفع الطرف الآخر للحديث بعمق ويشعر بأهميته، ما يزيد فرص اقتناعه .كما أن الانطباع الأول يتكون خلال ثوانٍ ويترسـخ في أذهان الناس فترة .طويلة؛ فهم يميلون إلى تفسير سلوك الآخرين استنادًا إلى صفاتهم الشخصية أكثر من الظروف الخارجية ولهذا، فإن تقديم نفسك بلباقة، والاهتمام بلغة جسدك وملابسك، والصدق في تعابيرك يساعد في ترك انطباع إيجابي يدعم عملية الإقناع .وإذا حدث أن كان الانطباع الأول سـلبيًا، فإن الأمر يحتاج إلى لقاءات متكررة وسلوكيات إيجابية .ثابتة لتصحيح الصورة

الإقناع في العلاقات اليومية

الإقناع مهارة تطبق في كل جوانب الحياة، سواءً عند تربيتك لأطفالك، أو في الحوار مع الشريك، أو في قيادة فريق العمل .في العلاقات الأسـرية، يكون الإقناع مبنيًا على الحب والرحمة؛ فعلى الوالدين احترام شخصية الأبناء وتقديم النصيحة بلطف، مع الاستماع إلى مخاوفهم ورغباتهم .في العمل، يعتمد الإقناع على المهنية والعدالة، حيث يجب أن تشـرح فكرتك بوضـوح وتسـتمع إلى آراء زملائك وتُظهر لهم كيف يمكن لاقتراحك أن يخدم الجميع .أما في العلاقات الاجتماعية، فالإقناع يعني القدرة على التفاهم مع الناس المختلفين عنك، وتجنب الدخول في جدالات عقيمة، واختيار الوقت والأسـلوب المناسـبين لعرض رأيك .إن احترام حدود الآخرين وخصوصياتهم من .أهم ما يجعل الإقناع مقبولًا وغير مرفوض

ما يميز الإقناع عن التلاعب

التلاعب يعني اسـتخدام الحيل والخداع لتحقيق مكاسـب شـخصـية على حسـاب الطرف الآخر، بينما الإقناع الأخلاقي يسـتند إلى الصـدق والمنطق والاحترام .لا تسـعَ إلى تغيير قناعات الناس بالقوة أو عبر تضليلهم؛ بل شجعهم على رؤية الحقيقة من زاوية أخرى، وقدّم لهم ما ينفعهم .تذكر أن هدف الإقناع هو بناء علاقة متوازنة .تقوم على الثقة، وأن قوة الكلمة تكمن في صدق صاحبها

خاتمة

إن فن الإقناع والتأثير في الآخرين هو رحلة تجمع بين المعرفة بالذات وفهم الآخر. يتطلب الأمر شجاعة في مواجهة النفس قبل مواجهة الجمهور، وإيمانًا بأن الكلمات الصادقة والأفعال المتسـقة قادرة على تغيير القلوب والعقول. ومن خلال مراعاة قواعد الإقناع الأخلاقية، والاستماع بعناية، وتقديم الأدلة، واحترام مشاعر الآخرين، ستكون قادرًا على بناء علاقات متينة، وتوجيه من حولك نحو الأفضل، دون أن تسلبهم حق الاختيار أو الكرامة

الفصل السادس عشر: التعاقد والتشييء في زمن الرأسمالية

مقدمة

في الفصول السابقة استعرضنا تطور العلاقات الإنسانية من الروحية إلى الاجتماعية وصولًا إلى المهنية والعاطفية. في هذا الفصل نتناول تحولًا آخر أصاب العلاقات في عصر الرأسمالية الحديثة: نزعة التعاقد والانتقال من العلاقات القائمة على الفضل إلى العلاقات القائمة على الحقوق، ثم تحول الإنسان نفسه إلى سلعة أو رقم في معادلات الكفاءة والربح. هذا التحول ليس مجرد ظاهرة اقتصادية بل يؤثر على وجداننا ويجعلنا نتعامل مع الآخرين بوصفهم أشياء يمكن توظيفها أو استهلاكها ثم رميها.

من ((الفضل)) إلى (العدل)

نشأ المجتمع العربي والإسلامي على فكرة التراحم وتبادل الفضل؛ أي أن يتجاوز الناس عن أخطاء بعضهم ويقدموا المعروف دون انتظار المقابل. القرآن الكريم يؤكد ذلك بقوله: **(وَلَا تَنسَوُا الْفَضْلَ بَيْنَكُمْ)** سورة البقرة الآية 237، وهو توجيه للحفاظ على روح العطاء والتسامح حتى عندما تتنازع الحقوق. لكن تغيرات الحداثة أدخلت مفهوم العلاقات التعاقدية، حيث يتحول التعامل إلى اتفاقات دقيقة تحدد ما على كل طرف وما له، ويصبح العدل القانوني هو المرجعية الأساسية بدل الفضل.

التعاقدية في حد ذاتها ليست سيئة؛ فهي ضرورية عند وقوع النزاعات أو لحفظ حقوق العمال والضعفاء لكن الخطورة تكمن في تحويلها إلى أسلوب حياة دائم. فبدل أن أسامح زميلي على تقصير بسيط أو أعطي العامل من مالي أو وقتي إكرامًا له، أكتفي بالحد الأدنى مما ينص عليه العقد. وهكذا تذوي المساحة التي يمكن للفضل أن يعمل فيها، ويتراجع الشعور بالرحمة لصالح حسابات الربح والخسارة.

الترشيد والكفاءة: مهمة بلا قصة

لا يقتصر التحول على النصوص القانونية، بل يمتد إلى طريقة تنظيم العمل. فقد انتشرت فكرة الترشيد، أي تقسيم المهام إلى خطوات صغيرة متكررة يؤديها أشخاص مختلفون دون معرفة القصة الكاملة أو رؤية النتائج. في المستشفيات مثلًا، يستقبلك موظف للتسجيل، ثم آخر للفحص، وثالث للتخدير، ورابع للمتابعة؛ كل منهم يؤدي دوره بسرعة دون أن يعرف أو يهتم بقصتك الشخصية. هذا التفتت يجعل كل فرد يرى الآخر رقمًا أو ملفًا، لا إنسانًا يحمل قصة ومعاناة.

يرتبط الترشيد بمفهوم الكفاءة؛ فالنجاح في سوق العمل أصبح مرهونًا بقدرتك على إنتاج أعلى قدر بأقل تكلفة. قد يبدو الأمر إيجابيًا لأنه يضمن تكافؤ الفرص، لكن له جانبًا مظلمًا؛ فالفاشلون أو الذين لا يستطيعون

مواكبة المنافسـة يُنظر إليهم على أنهم غير مسـتحقين للعيش الكريم .ومع تزايد التنقل بين الوظائف والمدن من .أجل الترقي، يفقد الناس جذورهم؛ فلا يعود لديهم وقت لتكوين علاقات عميقة، بل يصبح كل شيء مؤقتًا

تسليع الإنسان واغتيال القصص

أخطر ما في هذا التحول هو التشييء أو تسليع الإنسان؛ إذ لم تعد الرأسمالية تكتفي بتحويل الأشياء إلى سـلعة، بل امتد ذلك إلى البشـر .تشـير مقالة في موقع الجزيرة إلى أن الرأسمالية تحو"ل الإنسان إلى سلعة، حيث تعامل الموارد البشرية في الشركات كما لو كانت بضائع يمكن شراؤها أو التخلص منها. هذا المنطق يجعل العلاقات الإنسانية علاقات (موارد) وليس (روابط)، ويُلغي خصوصية الفرد وقيمته.

كما يشير المقال نفسه إلى أن ثقافة الاستهلاك والإعلانات تستغل رغبات الناس وتسوق لهم كل شيء، حتى المشاعر والأخبار، بوصفها منتجات قابلة للبيع. يتحول التفاعل الاجتماعي إلى محتوى؛ عندما يتشاجر شخصان في الشارع تصبح قصتهمامقطعًا طريقًا على منصات التواصل، ويتحول المهاجرون والعاملون الفقراء إلى مجرد (مشاهد) في فيديوهات الاستهزاء. هذا التسليع يقتل القصص الإنسانية وراء كل شخص ويجعل الآخرين غير مرئيين إلا بوصفهم أدوات للمتعة أو الربح.

التعاقد في حياتنا اليومية

يلجأ الناس في الأسرة والعمل إلى التعاقدية عندما تنعدم الثقة. فترى بعض الأزواج يقسمون النفقات بالتساوي ويحصون ساعات المساعدة المنزلية بدقة، أو تجد أرباب العمل يراقبون الموظفين بالكاميرات ويحددون كل تفاصيل عملهم في عقود طويلة. في تطبيقات التوصيل، يصبح السائق والراكب مجرد عقد إلكتروني:أطلبك، تدفعني، وأنطلق دون أن نتبادل كلمة أو ابتسامة. هذا النمط ينقلنا من العلاقات الإنسانية إلى علاقات الأداء، حيث يُقاس كل شيء بالمال والوقت.هذه التعاقدية قد تحمي حقوق بعض الأطراف، لكنها تخلق مجتمعات باردة تفتقد إلى الروح. بدلاً من أن تمنح السائق (**بقشيشًا**) تقديرًا لجهده، تراه مجرد آلة نقل.وبدلاً من أن تساعد عاملاً يحمل أشياء ثقيلة، تبرر لنفسك بأن ذلك ليس ضمن العقد. وهكذا تتشكل عقلية ترى الآخرين أشياءً قابلة للاستعمال.

نتائج هذا التحول

1. **ضعف الروابط الاجتماعية:** عندما يسود منطق التعاقد، تقل فرص العطاء غير المشروط وتنكمش العلاقات العميقة. الشخص الذي يتنقل بحثًا عن وظيفة أفضل سيجد صعوبة في تكوين صداقات طويلة الأمد، لأن جذوره ليست ثابتة.
2. **التفاوت الاجتماعي:** يصبح نجاح الفرد مبررًا لامتيازاته وفشله مبررًا لمعاناته. من لا يملك مؤهلات أو لا يستطيع منافسة الآخرين يُهمل ويُعتبر عبئًا،

وبهذا يتم تبرير الظلم على أنه نتيجة طبيعية لعدم الكفاءة.

3. **ازدهار العنصرية والاستهزاء:** حين نرى الآخرين كأشياء، يصبح التمييز أسهل. يمكن تصوير معاناة العمال والتندر عليها، أو التعامل مع فئات كاملة من المجتمع كما لو كانت (حشرات) لا تستحق الاهتمام. هذا ما شاهدناه في وسائل التواصل حيث تتحول خصومات الناس إلى محتوى للتسلية.
4. **تحول الثقافة إلى سوق:** تتسلل الرأسمالية حتى إلى مشاعرنا؛ فحتى الفرح والحزن يتم تسويقهما. يجد الشخص نفسه يشتري الهدايا لإثبات الحب، أو ينفق أموالاً طائلة ليبدو ناجحًا في أعين الآخرين.

خلاصة

العلاقات التعاقدية جزء من التنظيم الاجتماعي الحديث، لكنها ينبغي أن تبقى دواءً يستخدم عند الحاجة، لا هواءً نتنفسه طوال الوقت. يجب أن نتذكر أن الإنسان ليس رقمًا ولا سلعة، وأن قيمتنا لا تقاس فقط بما ننتجه أو نستهلكه. أما الرأسمالية،فعلى الرغم من أنها حفزت الابتكار ووفرت لنا الكثير من السلع، فإنها خلقت ثقافة تؤثر في علاقاتنا وتجعلنا نفقد الروح الإنسانية إن لم ننتبه. وحده التوازن بين الفضل والعدل، وبين الكفاءة والرحمة، يمكن أن ينقذنا من الانزلاق الكامل إلى عالم (التشييء) ، ويسمح لنا ببناء علاقات حقيقية لا تباع ولا تشترى.

الفصل السابع عشر :أنواع العلاقات وضبط الحدود

مقدمة

في حياتنا اليومية نلتقي بأناس كثيرين. البعض منهم يصبح صديقًا حميمًا، وآخرون يبقون مجرد زملاء أو معارف. كثير من سوء الفهم ينشأ لأننا لا نميز بين أنواعالعلاقات، فنحـ '''مل الآخرين أكثر مما يحتملون أو نسيء فهم سلوكهم. هذا الفصل يوضح الفروق بين الاتصال والعلاقة، بين العلاقات المنتظمة والعلاقات العميقة، وكيفية انتقال الاتصال إلى علاقة، إلى جانب ضوابط التعامل بين الجنسين في بيئات العمل المختلطة.

الاتصال والعلاقة

الاتصال هو لقاء أو تواصل يهدف إلى إنجاز مهمة محددة خلال زمن أو سياق معيّن، ثم ينتهي بانتهاء المهمة. مثلا: محادثة مع موظف خدمة العملاء، أو لقاء مع بائع في السوق. أما العلاقة فهي نتيجة تكرار الاتصال وتنويعه؛ عندما يتكرر اللقاء في نفس السياق ثم يتوسع خارج الإطار الزمني أو المكاني، ويتضمن مشاركة تجارب أواهتمامات مختلفة، يتحول الاتصال إلى علاقة. فزميل العمل الذي تراه يوميًا من الثامنة حتى الثانية يظل اتصالاً منتظمًا؛ أما إذا خرجتما لتناول القهوة معًا أو سافرتم في رحلة، فقد انتقلت العلاقة إلى مستوى آخر.

العلاقات المنتظمة والعلاقات العميقة

العلاقات المنتظمة هي تلك التي تتشكل في سياقات محددة ومتكررة مثل العملأو الدراسة. قوتها مستمدة من التكرار، لكنها تموت بسرعة إذا توقف التكرار؛ فزميل العمل قد لا يسأل عنك خلال إجازتك لأنه ببساطة لا يراك. وبالتالي لا ينبغي أن تلومه، فهذه طبيعة هذا النوع من العلاقات. في المقابل، العلاقات العميقة تنشأ عندما يتوسع الاتصال خارج سياقه المنتظم وتشارك مع الطرف الآخر في مناسبات واهتمامات متنوعة؛ عندها تظل العلاقة قائمة حتى لو انقطع التكرار.

كيف ينتقل الاتصال إلى علاقة؟

الانتقال من الاتصال إلى علاقة يشبه قيادة دراجة هوائية؛ تحتاج إلى انحرافات

بسيطة ومستمرة للحفاظ على التوازن. فإذا توقفت الحركة تمامًا، ستسقط. لذلك يجب أن تبدأ بخطوات صغيرة مثل الاهتمام بالمناسبات الخاصة، تقديم المساعدةعند الحاجة، أو مشاركة الأحاديث الودية إلى جانب العمل. هذه (الانحرافات)الصغيرة هي ما يبني الجسور بين الناس ويحوّل الاتصال إلى علاقة قوية. أما القفزات الكبيرة المفاجئة فقد تؤدي إلى كسر العلاقة قبل أن تنمو.

ضوابط التعامل بين الجنسين في بيئات مختلطة

أصبح الاختلاط بين الرجال والنساء واقعًا في معظم بيئات العمل والتعليم، مما يستدعي معرفة الضوابط الشرعية :والأخلاقية لضبط التواصل .من أهم هذه الضوابط

1. **غض البصر:** يوجب الإسلام على الرجال والنساء غض البصر عن محاسن الآخر. يذكر موقع الشيخ ابن باز أن على المؤمن إذا اضطر للعمل مع النساء أن يغض بصره، ويصرف نظره عن محاسنهن، مستشهدًا بقوله تعالى: **(قُلْ لِلْمُؤْمِنِينَ يَغُضُّوا مِنْ أَبْصَارِهِمْ)**، سورة النور - الآية 30.
2. **الاقتصار على الحاجة:** ينبغي أن يقتصر الحديث على ما يتعلق بالعمل أو المهمة، وأن يتجنب الألفاظ ذات الدلالات العاطفية أو الشخصية. إطراء الساعة أو العطر يُعد انحرافًا عن (القول المعروف) وقد يفتح بابًا لعلاقة غير مقصودة.
3. **عدم الخلوة:** يحذر الموقع نفسه من الخلوة بين الرجل والمرأة الأجنبية، مؤكدًا أن الشيطان يكون ثالثهما، وأن على المؤمن فتح باب المكتب أو وجود طرف ثالث عند الضرورة.
4. **الاحتشام في اللباس والصوت:** يجب على المرأة أن تلتزم بالحجاب وعدم التزين في العمل، وعلى الرجل أن يحترم ذلك ولا ينظر إلى الزينة أو يعلق عليها. كما ينبغي تجنب خضوع أحد الطرفين بالقول؛ أي التحدث بنبرة توحي بالإغراء أو الملاطفة.

هذه الضوابط تحمي الطرفين من الوقوع في الفتنة وتحافظ على بيئة عمل
محترفة تقوم على الاحترام، وتنسجم مع الحديث القرآني الذي يشترط أن يكون
الحوار **(قولا معروفًا)**؛ أي كلامًا مهذبًا ومناسبًا للسياق.

فهم طبيعة الاتصال يخفف العتاب

أحيانًا نشعر بالاستياء لأن زملاء العمل لا يتواصلون معنا خارج ساعات الدوام، أو لأن معارف الدراسة لا يزوروننا بعد التخرج. لكن إدراك طبيعة العلاقة المنتظمة يخفف هذا العتاب؛ فالعلاقة كانت محكومة بسياق المكان والزمان المشترك. عندما ينتفي هذا السياق، قد تضعف أو تنتهي العلاقة دون أن يعني ذلك جحودًا أو إساءة. سرد أحد المعلمين في نص المقابلة أنه بعد نقله من مدرسة إلى أخرى في عام 142 هجري،

لم يعد يلتقي زملاءه القدامى رغم المحبة التي كانت بينهم؛ فهي طبيعة العلاقات المنتظمة لا أكثر.

خاتمة

التمييز بين الاتصال والعلاقة يحمينا من خيبات الأمل ويساعدنا على بناء روابط صحية. العلاقات العميقة تحتاج إلى وقت وجهد وخروج من إطار اللقاءات الرسمية، بينما العلاقات المنتظمة ذات عمر افتراضي قصير. كما أن ضبط التواصل بين الجنسين في العمل والتعليم يحافظ على الاحترام المتبادل ويمنع التجاوزات. عندما نفهم هذه الفروق والضوابط، نستطيع إدارة علاقاتنا بأفضل صورة ونحفظ لأنفسنا وللآخرين قدرهم وحدودهم.

الفصل الثامن عشر :وسائل التواصل الاجتماعي وتبدد المسؤولية الاجتماعية

مقدمة

التكنولوجيا الحديثة سهّلت حياتنا بشكل لم يكن يتصوره أحد. بضغطة زر يمكنك طلب وجبتك، حجز سيارة، أو التواصل مع شخص يعيش في قارة أخرى. لكن هذه السهولة حملت معها آثارًا جانبية عميقة على بنية العلاقات الاجتماعية وعلى إحساسنا بالمسؤولية تجاه الآخرين. في هذا الفصل نتناول كيف غيّرت وسائل التواصل الاجتماعي وعالم التطبيقات نظرتنا للعلاقات، وكيف يمكن التعامل مع هذا التغيير بحكمة.

ثقافة الاستبدال

نشأت لدينا مع انتشار الهواتف الذكية والتطبيقات ثقافة الاستبدال السريع. نغيّرأجهزتنا باستمرار بدل إصلاحها، ونستبدل العلاقات بنفس الطريقة؛ فعندما تظهر مشكلة مع شخص ما، نميل إلى إنهاء العلاقة بدل إصلاحها، كما لو كانت هاتفًا يجب تغييره. هذا النمط شجعته الشركات التي تقدم منتجات جديدة باستمرار، لكنه تسلل إلى طريقة تعاملنا مع الناس، حتى أصبح الكثيرون يفضلون الهروب من مواجهة الخلافات على محاولة حلها.

تطبيقات الوصول وذوبان الحواجز

التقنية أذابت الحواجز بين الناس لكنها أيضًا جعلت العلاقات سطحية. في الماضي كان الإنسان يحتاج إلى جاره أو قريبه لسد حاجاته اليومية؛ أما اليوم فيستطيع تلبية معظم احتياجاته عبر التطبيقات دون أن يبادل مزود الخدمة حتى نظرة أو ابتسامة. يخبرنا أحد الشباب أنه يركب مع سائقي التوصيل دون أن يعرّفهم بنفسه أو يسألهم عن حالهم؛ ويشعر بالخوف من هذا الذوبان السريع للحواجز. حتى اللغة تغيرت؛ فقد أصبح الاتصال الهاتفي أو الرسائل النصية تحل محل الزيارات الشخصية والعلاقات الحية.

العلاقات قائمة على الحاجات

من الحقائق التي يذكرها الدكتور ياسر أن العلاقات تبنى على تلبية الحاجات. فإذا قدم شخص لك خدمة أو دعمًا، زادت قيمة علاقتك به. عندما تنعدم الحاجة، يخف

التواصل. هذا يفسر لماذا يبتعد الأبناء عن آبائهم في بعض الفترات ثم يعودون عند الحاجة، ولماذا تنتهي علاقات الزمالة بانتهاء العمل المشترك. إدراك هذا الأمريساعدنا على فهم ديناميكيات العلاقات الحديثة وعدم تفسير كل انقطاع بأنه عداء أو جفاء.

المسؤولية الاجتماعية في عصر التطبيقات

وسائل التواصل جعلت الحياة أسهل لكنها أثرت سلبًا على الشعور بالمسؤولية.

أصبح الكثيرون يظنون أن إرسال رسالة عزاء أو كتابة تعليق يكفي للقيام بالواجب، دون أن يتحملوا عناء الحضور أو تقديم العون الحقيقي. ذكرت مجلة رواء أن وسائل التواصل (سهّلت الاتصال بين البشر لكنها هزت كيان أسرهم وساعدت على تصدّر التافهين، وغياب الهوية وانحراف العقيدة، وانتشار الأمراض النفسية والعصبية). في المقابل، يمكن استخدام تلك الوسائل لنشر الخير وتنسيق الأعمال الخيرية، لكن بشرط ألا نستبدل الفعل الحقيقي بالافتراضي.

الآثار الإيجابية لوسائل التواصل

في المقابل، تشبه الآثار السلبية لهذه المواقع «الريح العاتية» التي تهدد بنيان الأسرة؛ فهي تستهلك الجزء الأكبر من وقت كل فرد، وتؤدي إلى ارتفاع حالات الطلاق والانفصال. تشير المجلة نفسها إلى أن إدمان مواقع التواصل يخلق صمتًا أسريًا، حيث يقل الحوار بين أفراد الأسرة بنسبة تزيد على 60%، وينعزل الأبناء في عوالمهم الافتراضية. كما يسبب الاستهلاك المفرط للمحتوى الإلكتروني فقدان القدوة وانحراف الأبناء، وينعكس سلبًا على الهوية الثقافية والدينية.

من الثقافة الرقمية إلى الثقافة الحية

كيف يمكننا التعايش مع هذا الواقع؟ المفتاح هو التوازن. يجب أن نستفيد من مزايا التكنولوجيا في التعليم والعمل والتواصل، لكن من دون أن نسمح لها بابتلاع وقتنا أو إضعاف روابطنا. يمكن أن نستخدم وسائل التواصل لترتيب لقاءات حقيقية، ولتنسيق المساعدة وقت الحاجة، وللتوعية بالقضايا الأخلاقية والاجتماعية. وفي الوقت نفسه، يجب أن نحافظ على الزيارات العائلية، والجلسات الودية، والأنشطة المشتركة التي لا يمكن لأي تطبيق أن يعوضها.

الخلاصة

لتقنية الحديثة وسيلة قوية؛ يمكن أن تبني أو تهدم .علينا أن نكون واعين لتأثيرها على علاقاتنا ومسؤولياتنا، وأن نسخرها لتعزيز الروابط الحقيقية بدل

تفكيكها. تظل القاعدة الذهبية: لا تسمح للعالم الافتراضي أن يكون بديلًا عن العالم الحقيقي؛ فهناك أشياء لا تنقلها الشبكات، مثل دفء المصافحة، وصدق العزاء، وفرحة العطاء.

الفصل التاسع عشر :الصدق مع الذات والآخرين

مقدمة

ذكرنا من قبل أنه حين يلتقي شخصان، فهما ليسا اثنين فقط؛ بل ستة .كل واحد يرى نفسه كما يظن، ويراه الآخر كما يظنه، ثم هو كما هو حقًا .هذا الو صف يذكرنابأن لكل منا صورًا متعددة، وأنه كلما اتسعت الفجوة بين ما نظهره وما نحن عليه في الحقيقة، ازدادت معاناتنا النفسية وشعرنا بالخزي والتوتر .لذلك كان الصدق مع .النفس ومع الآخرين ركيزة أساسية للعلاقات الصحية

تعريف الصدق مع النفس وأهميته

يعرّف مقال على موقع «دروب» الصدق مع النفس بأنه الاعتراف بمشاعرك وأخطائك وقوتك وضعفك دون تزييف أو إنكار، وأن تواجه الحقيقة كما هي حتى لو كانت مؤلمة. هذا الصدق يحررنا من الصراعات الداخلية؛ فالعيش في واقع وهمي يخلق تناقضًا بين ما نشعر به وما نقوله، ما يؤدي إلى القلق والتوتر المستمر. عندما نكون صادقين مع أنفسنا، نحصل على راحة داخلية ونتمكن من اتخاذ قرارات أكثر وعيًا، لأننا نعرف من نحن وماذا نريد.

الصدق مع الذات يعزز الثقة بالنفس؛ فالشخص الصادق لا يخاف من عيوبه، بل يتقبلها ويسعى لتحسينها، ما يبني ثقة حقيقية نابعة من الداخل. كما أن الصدقـالداخلي ينعكس على العلاقات الخارجية؛ فإذا كنت صادقًا مع نفسك، ستكون
صادقًا مع الآخرين، وهذا يخلق علاقات قائمة على الثقة والاحترام.

كيفية تطبيق الصدق مع الذات

للوصول إلى حالة الصدق الداخلي يجب أولاً مراقبة الحديث الداخلي؛ هل تبرر أخطاءك دائمًا؟ هل تتجاهل مشاعرك؟ ينبغي تعديل هذا الحوار ليكون صادقاومتفه''مًا. ثانيًا، مواجهة المخاوف والضعف؛ الاعتراف بالخوف أو الحاجة للدعم ليس علامة ضعف بل شجاعة. ثالثًا، تقبل الذات دون شروط؛ الحب الحقيقي للذات يشمل تقبل العيوب مع السعي للتطوير. وأخيرًا، طلب المساعدة عند الحاجة؛ الاعتراف بالحاجة إلى دعم مختص أو صديق هو جزء من الصدق. هذه الخطوات تضع الإنسان على طريق السلام الداخلي.

المرآة البشرية ودور الاستنصاح

يقول الحديث الشريف «**المؤمن مرآة أخيه**». كما ذكرنا من قبل، فالناس حولنا يعكسون لنا صورتنا الحقيقية. في الحوار، لذلك فدائمًا ما يشار إلى أهمية

اختيار أصدقاء يكونون صادقين معك، يرون عيوبك فينبهونك عليها، ولا يكسرون المرآة عندما يظهر فيها شيء غير جيد. إن القدرة على تقبل النقد والطلب من الآخرين أن ينصحونا بإخلاص (الاستنصاح) هي جزء مهم من إصلاح الذات. كما أكد أن الرقيب الحقيقي هو الله سبحانه وتعالى؛ فإذا كنت تخجل من عيوبك أمام الناس، فكيف لا تخجل منها أمام رب العالمين؟

تطابق الداخل والخارج

أحد أسباب الصراعات النفسية هو التظاهر بما لا نملك. عندما نعلن شعارات جميلة عن التأثير في المجتمع بينما نبحث في الخفاء عن المكاسب،ندخل في حالة من النفاق الداخلي. التصالح مع الذات يتطلب أن يكون ما نقوله وما نفعله متسقًا مع قيمنا الحقيقية؛ أن نعترف بأخطائنا عند الضرورة، ونصحح مسارنا بدلاً من تغطية الحقيقة. هذه الشفافية تجعل علاقاتنا أقوى لأن الآخرين يشعرون بصدقنا، كما تجعلنا أكثر هدوءًا وثقة بأنفسنا.

الخلاصة

الصدق مع الذات ليس رفاهية، بل ضرورة لبناء علاقات صحية ومستقرة. عندما نصبح شفافين مع أنفسنا، نفهم دوافعنا ونعالج نقاط ضعفنا، ونصبح قادرين على إقامة علاقات قائمة على الثقة. كما أن طلب النصيحة من الآخرين وتقبّلها يعكس النضج والشجاعة. لا يمكن فصل الصدق مع النفس عن علاقتنا بالله؛ فإيماننا بأن الله يرى كل شيء يحفزنا على الصدق في السر والعلن. إن رحلة التصالح مع الذات هي أساس الاستقرار النفسي والاجتماعي؛ فهي تمنحنا السلام الداخلي وتجعلنا أكثر قدرة على العطاء للآخرين.

الفصل العشرون :نهاية الرحلة ونحو علاقات متوازنة ومثمرة

مقدمة

بعد رحلة طويلة عبر عشرين فصلاً، استكشفنا فيها جوانب متعددة من العلاقاتالإنسانية: من علاقتنا بالخالق، إلى علاقتنا بأنفسنا، وصولاً إلى علاقاتنا بالأسرةوالأصدقاء والجيران وزملاء العمل والمجتمع الرقمي. ناقشنا كيفية بناء صداقات،وإدارة الصراعات، ووضع الحدود، واستخدام التكنولوجيا بحكمة، وتعلمنا أن لكلعلاقة طبيعة وحدودًا ومسؤوليات.

أساسيات لا تنسى

1 **الروحانية والأخلاق:** العلاقة مع الله هي الأساس الذي ترتكز عليه جميع العلاقات الأخرى. الإيمان الحقيقي ينعكس في الأخلاق والسلوكيات اليومية ويمنحنا القوة للتسامح والعدل.

2. **الذات والمرآة الداخلية:** لا يمكن أن تقيم علاقات سليمة مع الآخرين قبل أن نصالح أنفسنا ونتقبلها. الصدق مع الذات يخفف الصراعات الداخلية ويعزز الثقة بالنفس، كما أوضحت مقالات علمية.

3. **الأسرة والرفاق:** العلاقات العائلية تحتاج إلى رعاية مستمرة واحترام متبادل. الأصدقاء الحقيقيون هم عماد الحياة لكن يجب اختيارهم بعناية، ومعرفة متى تكون العلاقة داعمة ومتى تكون سامة.

4. **المجتمع والجيران:** حقوق الجار وواجباتنا تجاه المجتمع ليست ترفًا، بل جزء من العقيدة والأخلاق. أن تكون عضوًا فعالاً في مجتمعك يعني أن تبادر إلى المساعدة والتطوع، لا أن تكتفي بتغريدة أو منشور.

5. **العمل والمهارات:** بيئة العمل تتطلب احترامًا واحترافية، والتوازن بين الحقوق والواجبات، والعمل على تطوير الكفاءة دون أن ننسى إنسانيتنا.

6. **التكنولوجيا والحدود:** وسائل التواصل سلاح ذو حدين. تساعدنا على التعلم والتواصل، لكنها قد تهدد الأسرة والهوية إن لم نحسن استخدامها.

7. **الصدق والمرآة البشرية:** التعلم من الآخرين واستقبال النقد بوعي يساعد في التطور. المرآة البشرية: الصديق الصادق: تعكس لنا حقيقتنا وتمنحنا فرصة للتغيير.

نحو توازن صحي

التحدي الأكبر هو إيجاد توازن بين متطلبات كل علاقة دون أن تسيطر واحدة على الأخرى. هذا يتطلب:

ترتيب الأولويات: أن نعرف ما هو الأهم في كل مرحلة من حياتنا؛ أحيانًا تكون الأسرة في المقدمة، وأحيانًا يكون العمل أو التطوير الذاتي.

- **المرونة:** العلاقات ليست ثابتة، بل تتغير مع الظروف. علينا أن نقبل التغير وأن نتكيف معه دون أن نفقد جوهرنا.

- **التواصل الصادق:** الحديث المفتوح والصادق مع الآخرين يحل الكثير من المشكلات ويمنع سوء الفهم.

- **العطاء المتبادل:** العلاقة الناجحة تقوم على الأخذ والعطاء؛ يجب أن نسأل أنفسنا ليس فقط ماذا نأخذ من العلاقات، بل ماذا نعطي.

- **الوعي الرقمي:** استخدام التكنولوجيا لتعزيز العلاقات لا لاستبدالها. يجب أن نبقي العلاقات الحقيقية حاضرة في حياتنا، وأن نعود إلى الزيارات والمحادثات وجهًا لوجه كلما أمكن.

خاتمة

في نهاية هذا الكتاب، ندعوك إلى الاستمرار في رحلة اكتشاف الذات والآخرين، فالعلاقات ليست مشروعًا يكتمل وينتهي، بل هي مسار دائم من التعلم والتطوير. تذكر أن الإنسان يُعرف بعلاقاته قبل إنجازاته المادية، وأن الخير الذي تزرعه في الناس يعود إليك. واصل البحث عن المعرفة، واستمع للعلماء والحكماء، ووازن بين الروح والعقل، وبين العدل والفضل، وبين العمل والراحة. بهذه المعادلة المتوازنة، يمكنك بناء حياة غنية بالعلاقات المترابطة والمثمرة.

من أقوال الدكتور ياسر الحزيمي

فيما يلي أبرز المقولات المأثورة **للدكتور ياسر الحزيمي** كما في حلقته على بودكاست «فنجان» (كيف تنجح العلاقات):

- **العلم والتردد:** إذا زاد عِلمُ المرء زادَ تردّده، لأنه يرى المشهد من كل الزوايا، لكن المشكلة عندما يُبالغ الإنسان في التردد فلا يُقدِم.
- **درجات البشر:** الناس يسيرون ما بين أميرٍ وأسيرٍ ونظير؛ فمن أحسنت إليه فأنت أميره، ومن أحسن إليك فأنت أسيره، ومن استغنى عنك فأنت نظيره.
- **الغرور واحتقار الذات:** الغرور شعورٌ بالقدرة مع عدم وجودها، وأمّا احتقار الذات فهو عكس الغرور: عدم الشعور بالقدرة مع وجودها.
- **الوعي الحقيقي:** الواعي هو من يدرك أن العلاقات ليست بالحضور، وإنما بالشعور؛ أن ترى أولاً ثم تفهم ثم تتصرف بعدها.

المأوى الحقيقي: لا يكون هناك سكنٌ لحياة الإنسان إلا مع زوجة.

- **حول العداوات:** لا تصنع العداوات، ولكن رحّب بها إن أتت؛ فإنسان بلا

عداوات إنسانٌ بلا مبادئ.

إدارة العلاقات السيئة: أنا لا أخاصم أحدًا، ولكني أغيّر رتبته عندي

- **المسؤولية في العلاقات:** المُلام في أي علاقة بين اثنين هو الأعقل منهما؛

فالعلم حُجّة وله ثمن، وللواعي مقامٌ مختلف.

- **قبول النقص:** اِرضَ بالنقص ولكن لا تكن ناقصًا.
- **العلاقات كساحة معركة:** العلاقات تدخلها ومعك سيفٌ وغمدٌ ودرع؛ عليك أن تتعلم متى تشهر السيف ومتى تغمده.
- **الذات سلعة:** الذات بضاعة؛ قد لا تعرف كيف تُسوّق بضاعتك الجيدة، وقد تُسوّق بضاعتك الرديئة بشكل رائع؛ يجب أن تعرف قيمة بضاعتك.
- **العلاقة مع الذات:** العلاقة مع الذات هي ألا يكون ما أنت عليه على غير ما تُظهر ما أنت عليه.
- **معرفة الجهل:** معرفة الإنسان بجهله نوعٌ من المعرفة. • **صمغ العلاقات:** تلبية الحاجات هي صمغ العلاقات.
- **التوازن والعدالة:** جودة أداء الإنسان في علاقاته مرتبطة بمشاعره؛ في العلاقات الندية هي الأصل، ويُشبّهها الحزيمي بالأرجوحة، فلا بد من تبادل

الأدوار بلا ظلم.

- **أنواع العلاقات:** يوضح أن للعلاقات خمس مراتب: حيّة، مريضة، مُمرضة، ميّتة، مُميتة، ويؤكد أن المأوى الحقيقي للحياة هو الزواج.
- **الحذر من تضخيم الناس:** ينبه إلى خطأ «عَمْلَقة» الآخرين أو احتقارهم، ويحث على إنزال الناس منازلهم دون تكبر ولا مبالغة.
- **نصائح عامة:** يؤكد أن «تلبية الحاجات» أساس كل علاقة، وأن «لا يصنع الإنسان العداوات ولكنه يرحب بها إن أتت»، وأن العدل أساس التعامل؛ فالصداقة والزواج والعمل جميعًا تقوم على الوعي بالذات والآخرين.

هذه الأقوال تشكل خلاصة الحكمة التي طرحها الدكتور ياسر الحزيمي عن العلاقات، وهي تمثل منهجًا عمليًا للتعامل مع .الذات والآخرين بوعي واتزان.

المصادر

قائمة المراجع

- .«الفصل 1: كايروثيرابي – »العلاقات الاجتماعية مفتاح الحفاظ على الصحة النفسية
- الفصل 1: الجزيرة نت)صحة(– »الوحدة ترفع خطر الإصابة بالاكتئاب «– 4/6/2024
- الوحدة-ترفع-خطر-الإصابة-بالاكتئاب/https://www.aljazeera.net/health/2024/6/4
- «الفصل 1–2: إسلام أون لاين – »الإيمان وأثره على الصحة النفسية
- الإيمان-وأثره-على-الصحة-النفسية/https://islamonline.net/ar/fatwa
- الفصل 2 :المحتوى الإسلامي – »الإيمان والأخلاق – الأسس الأخلاقية والدينية ذات أصول نفسية واحدة«.
- .«الفصل 3: الجزيرة نت)أسلوب حياة(– »كيف يمكن لحب الذات أن يحسن علاقاتك؟
- – «الفصل 3: الجزيرة نت)صحة(– »عندما يزداد الجاهلون ثقةً بأنفسهم ..ما متلازمة دانينغ-كروجر؟ 11/4/2022
- الشجاعة-الجاهلة-متلازمة-دانينغ-كروجر/https://www.aljazeera.net/health/2022/4/11
- الفصل 4 :موضوع – »ما هي مهارات التواصل الفعّال؟ «– 9/7/2023
- ما_هي_مهارات_التواصل_الفعال؟/https://mawdoo3.com
- الفصل 4: موضوع – »طرق الإقناع في الحوار «– 14/12/2021
- طرق_الإقناع_في_الحوار/https://mawdoo3.com
- – «الفصل 4: الجزيرة نت – »يُبنى في ثوان ويترسخ في العقول ..كيف تغير انطباع الآخرين عنك؟ 24/9/2022
- يُبنى-في-ثوان-وتترسخ-في-العقول-كيف/https://www.aljazeera.net/lifestyle/2022/9/24
- .«الفصل 5: الجزيرة نت – »فلسفة الأصدقاء ومنزلتهم
- .«الفصل 5: جريدة التآخي – »تأثير التكنولوجيا على العلاقات الاجتماعية
- – «الفصل 7: الجزيرة نت)أسرة(– »هل أصبح الآباء يتفاعلون مع أطفالهم أكثر من أي وقت مضى؟ 16/12/2022
- هل-أصبح-الآباء-يتفاعلون-مع-أطفالهم/https://www.aljazeera.net/women/2022/12/16
- – «الفصل 7: الجزيرة نت)أسرة(– »كيف تحترم استقلالية الأبناء وتقاوم الرغبة المفرطة في حمايتهم؟ 24/8/2024
- كيف-تحترم-استقلالية-الأبناء-وتقاوم/https://www.aljazeera.net/family/2024/8/24
- الفصل 7: الجزيرة نت – »في زمن المتغيرات المتسارعة ..كيف هو شكل بر الوالدين الذي يراه الجيل الشاب؟«.
- .«الفصل 8: موضوع – »تعريف التسامح وقيمته
- «الفصل 10: موقع الشيخ ابن باز – »باب حق الجار والوصية به
- باب-حق-الجار-والوصية-به-https://binbaz.org.sa/audios/2400/111
- «الفصل 12 :الطبي – »التعلق العاطفي ..متى يصبح مرضًا؟

- https://www.altibbi.com/articles/التعلق-العاطفي-متى-يصبح-مرضاً
- الفصل 12–13: Mind Clinic – «15/3/2023» –» كيف تتخلص من العلاقات السامة في حياتك؟
- https://mindclinicgroup.com/كيف-تتخلص-من-العلاقات-السامة
- .«الفصل 13: الأحد نيوز)العهد(– »الفرق بين الحب والتعلق
- الفصل 14: FasterCapital – «Reputation in the Digital Age»
- https://fastercapital.com/ar/insights/reputation-in-the-digital-age.html
- الفصل 15: Robert B. Cialdini – Influence: The Psychology of Persuasion – 1984.
- .«الفصل 16: الجزيرة نت – »الرأسمالية في حياتنا – كيف حوّلت كل شيء إلى سلعة
- .«الفصل 18: مجلة رؤى – »وسائل التواصل الاجتماعي تهدد الأسرة وتنشر المشكلات النفسية
- .«الصراحة مع النفس ..طريق السعادة والنجاح» – (Duroob) الفصل 19–20 :دروب